SPSS Manual for Statistical Analysis in Psychology

心理統計のための SPSS 操作マニュアル

● t 検定と分散分析　金谷英俊・磯谷悠子・牧 勝弘・天野成昭
Hidetoshi Kanaya, Yuko Isogaya, Katuhiro Maki, & Shigeaki Amano

ナカニシヤ出版

前書き

　心理学分野の実験演習や卒業研究ではデータの統計解析が必須です。しかし、その統計解析を自らの手で行うことは学生にとってかなりの難問です。なぜならば解析方法の選択、解析の実施、解析結果の読み取りなどを適切に行うには、かなりの知識とノウハウが必要になるからです。ところが、その参考となる分かりやすい書籍はあまり存在しませんでした。そこで著者らは、学生が自力で統計解析を実施できるように本書を著しました。

　本書では統計解析ソフト SPSS を用いて統計解析を実施することを想定しています。本書で取り上げる解析方法は、対応のない t 検定、対応のある t 検定、1 要因被験者間分散分析、1 要因被験者内分散分析、2 要因被験者間分散分析、2 要因被験者内分散分析、2 要因混合計画分散分析および多重比較です。特に 2 要因の分散分析については、交互作用および単純主効果の有無に応じた解析手順も説明しています。

　本書には 2 つの特徴があります。第 1 の特徴は、SPSS の解析方法と解析結果の読み取りに重点を置いて説明をしている点です。本書では、t 検定と分散分析の種類ごとに具体的な例題を取り上げ、その解析手順を、SPSS の操作画面を 1 つずつ示しながら丁寧に説明しています。示された手順に沿って SPSS を操作してゆけば、誰もが確実に解析を行うことができます。また、SPSS の出力画面において読み取るべき箇所を分かりやすく示すとともに、その読み取った情報から検定結果を導き出す方法についても説明をしています。これによって、迷うことなく解析結果を正しく解釈できます。

　第 2 の特徴は、上述の操作画面による解析方法に加え、SPSS のコマンド・シンタックスによる解析方法も説明している点です。コマンド・シンタックスとはプログラムの一種であり、これを用いれば、SPSS の動作を詳細かつ柔軟に設定し、自在に解析を実行できます。本書では、コマンド・シンタックスの基本を説明した上で、操作画面による解析方法で取り上げた例題のそれぞれに対応するコマンド・シンタックスを載せています。これを実行すれば操作画面による解析と全く同じ解析が行えます。

　本書では学生が難しいと感じる統計学の説明や数式を極力無くし、データの統計解析に集中できるように内容を構成しています。しかし統計解析の前提として、統計学の基本概念や専門用語を理解しておくことは当然必要です。それには本書以外の複数の優良な書籍が参考になるでしょう。

　最後に、本書の出版に御尽力くださいましたナカニシヤ出版の宍倉由高様と、本書の作成にあたり多くの御指摘と御支援をくださいました愛知淑徳大学人間情報学部の皆様に深く感謝申し上げます。また SPSS Statistics 23 から SPSS Statistics 27 への変更に対応するための修正・追加執筆において、多大な力添えをいただいた大和大学社会学部の安田恭子准教授に深く感謝申し上げます。

2022 年 4 月
著者一同

本書で採用した分析方法について

1. 分散分析の方法

SPSS で被験者内分散分析や混合計画分散分析を行う方法には

(a) ［一般線型モデル］→［一変量］（各水準のデータは縦並び、Table 1）
(b) ［一般線型モデル］→［反復測定］（各水準のデータは横並び、Table 2）

の2つがあります。一方、被験者間分散分析では (a) の方法を用います。同じ分散分析でありながら、(a) と (b) の2つの方法が混在する状況は、SPSS の利用者に無用な混乱を生じさせる可能性があります。そこで本書では被験者間、被験者内、混合計画の分散分析のすべてにおいて(a)の方法を採用しました。なお、主効果ならびに交互作用の検定結果が(a)の方法でも (b) の方法でも同じであることを、被験者内分散分析と混合計画分散分析において確認しています。

Table 1
縦並びのデータ

被験者	水準	データ
A	1	A 水準1データ
A	2	A 水準2データ
A	3	A 水準3データ
B	1	B 水準1データ
B	2	B 水準2データ
B	3	B 水準3データ
⋮	⋮	⋮

Table 2
横並びのデータ

被験者	水準1データ	水準2データ	水準3データ	…
C	C 水準1データ	C 水準2データ	C 水準3データ	…
D	D 水準1データ	D 水準2データ	D 水準3データ	…
E	E 水準1データ	E 水準2データ	E 水準3データ	…
F	F 水準1データ	F 水準2データ	F 水準3データ	…
⋮	⋮	⋮	⋮	…

2. 単純主効果の検定における誤差項の取り扱い

単純主効果の検定には、「プールされた誤差項」を使う方法と「水準別誤差項」を使う方法があります。本書では SPSS での処理が簡単である後者の方法を採用しています。すなわち、被験者内分散分析や混合計画分散分析において交互作用が有意となった場合、データを分割したうえで、単純主効果検定として水準ごとに1要因分散分析を行っています。このため、下記の森・吉田 (1990) に記載された前者の方法とは異なる結果になる場合があります。

3. 多重比較の検定方法

主効果もしくは単純主効果が有意であった場合に水準間の差を見る多重比較の検定方法として、本書では Bonferroni の方法を採用しています。この方法は、パラメトリックなデータに対する多重比較の方法の中で、簡便かつ応用範囲が広く、利用者にも理解しやすい方法です。もちろん、多重比較を適用する状況に応じて Bonferroni 法以外の方法が適切な場合があり得ますので、下記の書籍等を参考にして各自で適切な検定方法を選択してください。

参考文献
森　敏昭・吉田寿夫 (1990). 心理学のためのデータ解析テクニカルブック　北大路書房
永田　靖・吉田道弘 (1998). 統計的多重比較法の基礎　サイエンティスト社

目　次

前書き　i
本書で採用した分析方法について　　ii

第1章　SPSSの基本的な使い方 …………………………………………………………………… 1
1.1　Excelデータファイルの作成　　3
1.2　SPSSの起動およびデータの読み込み方　　6
1.3　SPSSの出力結果の保存　　12
1.4　統計的検定の進め方　　14
　　1.4.1　1要因分散分析の流れ　　16
　　1.4.2　2要因分散分析の流れ　　17

第2章　SPSSによる統計的検定の方法 …………………………………………………… 19
2.1　例題1　t検定〜対応なし〜　　20
　　2.1.1　データの入力と設定　　21
　　2.1.2　分析操作　　25
　　2.1.3　結果の読み取り　　27
2.2　例題2　t検定〜対応あり〜　　29
　　2.2.1　データの入力と設定　　30
　　2.2.2　分析操作　　32
　　2.2.3　結果の読み取り　　34
2.3　例題3　1要因被験者間分散分析　　36
　　2.3.1　データの入力と設定　　37
　　2.3.2　分析操作　　39
　　2.3.3　結果の読み取り　　42
2.4　例題4　1要因被験者内分散分析　　48
　　2.4.1　データの入力と設定　　49
　　2.4.2　分析操作　　51
　　2.4.3　結果の読み取り　　56
2.5　例題5　2要因被験者間分散分析〜交互作用なし〜　　62
　　2.5.1　データの入力と設定　　63
　　2.5.2　分析操作　　65
　　2.5.3　結果の読み取り　　68
2.6　例題6　2要因被験者間分散分析〜交互作用あり〜　　75
　　2.6.1　データの入力と設定　　76
　　2.6.2　分析操作　　78
　　2.6.3　結果の読み取り　　82
2.7　例題7　2要因被験者内分散分析〜交互作用なし〜　　90
　　2.7.1　データの入力と設定　　91

2.7.2　分析操作　93
    2.7.3　結果の読み取り　100
2.8　例題8　2要因被験者内分散分析〜交互作用あり〜　109
    2.8.1　データの入力と設定　110
    2.8.2　分析操作　112
    2.8.3　結果の読み取り　119
    2.8.4　お菓子の種類の要因ごとの単純主効果の検定　121
        1. データファイルの分割／2. 分析操作／3. 単純主効果の結果の読み取り
    2.8.5　飲み物の種類の要因ごとの単純主効果の検定　131
2.9　例題9　2要因混合計画分散分析〜交互作用なし〜　139
    2.9.1　データの入力と設定　140
    2.9.2　分析操作　142
    2.9.3　結果の読み取り　149
2.10　例題10　2要因混合計画分散分析〜交互作用あり〜　156
    2.10.1　データの入力と設定　157
    2.10.2　分析操作　159
    2.10.3　2要因混合計画分散分析の結果の読み取り　168
    2.10.4　年齢の水準ごとの性別の単純主効果の検定結果の読み取り　170
    2.10.5　性別の水準ごとの年齢の単純主効果の検定　172
        1. データファイルの分割／2. 分析操作／3. 単純主効果の結果の読み取り

第3章　コマンド・シンタックスによる分析方法　185

3.1　はじめに　186
3.2　コマンド・シンタックスの記述ルール　188
3.3　コマンド・シンタックスの起動・作成・編集方法　190
3.4　シンタックスの保存方法　197
3.5　シンタックスを用いてファイルからデータを入力する方法　198
3.6　シンタックスの実行方法　200
3.7　シンタックスの操作で困ったら……　201
3.8　各例題のコマンド・シンタックス　202

SPSS Statistics 23 から SPSS Statistics 27 への変更点対応マニュアル　215

変更点1　2 (216)
変更点1-(a)「EM平均」における手順　3 (217)
変更点1-(b)「オプション」における手順　4 (218)
変更点2　5 (219)
変更点2「項の構築」における手順　6 (220)

第1章

SPSSの基本的な使い方

SPSSの基本的な使い方

本章では、SPSSの起動方法、Excel形式のデータファイルをSPSSに読み込ませる方法、SPSSの出力結果の保存方法など、統計的検定を行う際のSPSSの基本的な使い方を説明します。

36ページの例題3のデータ（Table 1）を使って、SPSSの使い方を説明していくよ！
データの詳細は、36ページを見てね！

Table 1

高校1〜3年生の視力の測定結果

1年生		2年生		3年生	
被験者	視力	被験者	視力	被験者	視力
Iさん	1.6	Oさん	1.3	Uさん	0.7
Jさん	0.9	Pさん	1.4	Vさん	0.8
Kさん	1.1	Qさん	0.8	Wさん	0.9
Lさん	1.3	Rさん	1.4	Xさん	1.3
Mさん	1.2	Sさん	0.8	Yさん	0.7
Nさん	1.5	Tさん	1.2	Zさん	0.6

1.1 Excel データファイルの作成

Microsoft Excelを使って、SPSSに読み込ませるデータファイルを作成します。

 プログラムメニューから、Microsoft Excelを起動します。

 Excelのシートにラベルとデータを入力します。被験者名や水準名を日本語で入力する場合は全角文字で、水準名やデータを数値で入力する場合は半角数字で入力します。

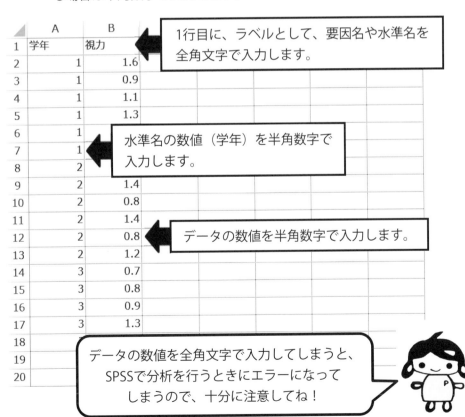

4　第1章　SPSSの基本的な使い方

手順3　データを入力し終えたら、Excelファイルに名前を付けて保存します。上のメニューバーから、［ファイル］→［名前を付けて保存］を選択します。

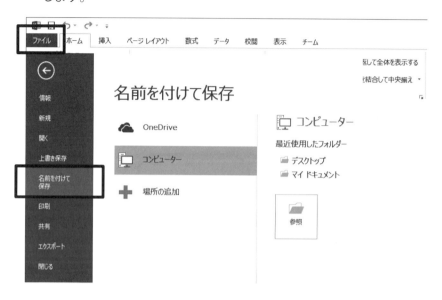

手順4　「名前を付けて保存」ウインドウで、［ファイルの種類］の中から［Excel 97-2003 ブック（*.xls）］を選択します。

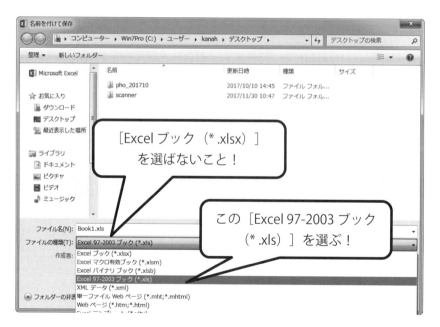

［Excel ブック（*.xlsx）］を選ばないこと！

この［Excel 97-2003 ブック（*.xls）］を選ぶ！

［Excel 97-2003 ブック（*.xls）］を選ばないと、シンタックスで分析を行う時にエラーになってしまうよ。必ず上の説明に従ってExcelファイルを保存してね！

適切なファイル名を付け、ファイルの保存場所を選択したら、右下の［保存］ボタンを押し、ファイルを保存します。

上の図では、ファイルの保存場所は［デスクトップ］になっているけど、保存場所を変えてもいいよ。
ただし、どこに保存したかは必ず覚えておいてね。

1.2 SPSSの起動およびデータの読み込み方

データファイルの作成が終わったら、SPSSを起動しましょう。

 プログラムメニューから、
［IBM SPSS Statistics］→［IBM SPSS Statistics 23］を選択します。

古いバージョンのSPSSでは、プログラムの名前や場所が異なるので注意してね！

SPSSが起動し、画面が表示されます。

SPSSの画面には「データビュー」画面と「変数ビュー」画面の2種類があります。

「データビュー」画面は、被験者名や水準名、そして分析に用いるデータの数値を表示する画面です。

「変数ビュー」画面は、データビューに入力されている数値や被験者名などの変数の特性を表示、設定する画面です。

2つの画面は、左下のタブを選択することで切り替えられます。選択した画面は、タブがオレンジ色になります。

データビュー画面において、上のメニューバーから、［ファイル］→
［開く］→［データ］を選択します。

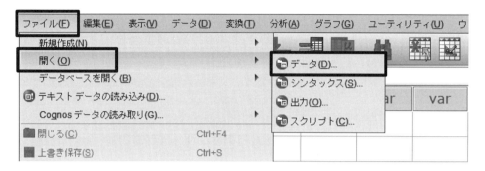

  「データを開く」ウインドウで、Excelファイルが置いてある場所を選
択します。ここでは、Excelファイルをデスクトップに保存してあるの
で、ファイルの場所リストで［Desktop］を選択します。

前ページの一番下の図では、存在するはずのExcelファイルがデスクトップのリストに表示されていません。これは、「ファイルの種類」の欄で［SPSS Statistics（*.sav）］が選択されているからです。

そこで、［ファイルの種類］の中から［Excel（*.xls, *.xlsx, *.xlsm）］を選択します。

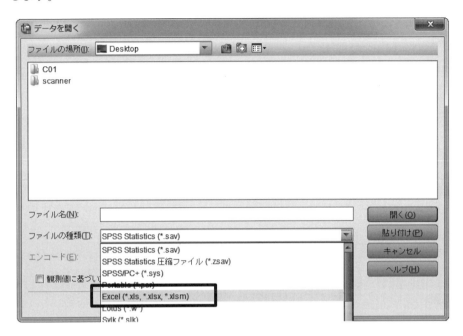

デスクトップのリストにExcelファイルが表示されます。

デスクトップのリストから、読み込むExcelファイルを選択し、右下の［開く］ボタンを押します。

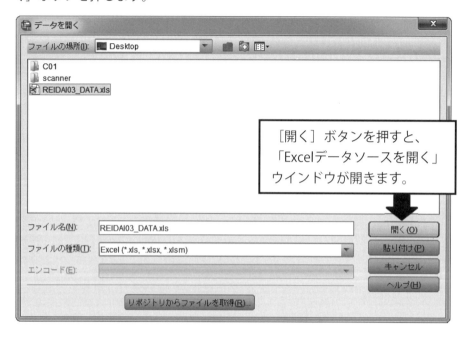

手順4　「Excelデータソースを開く」ウインドウで、以下の①〜③の手順によって、データ読み込みの設定をします。

①［データの最初の行から変数名を読み込む］にチェックを入れます。

② データが入力されているExcelのワークシートを選択します。

③［OK］ボタンを押します。

ExcelのデータがSPSSに読み込まれると、データビューの画面に各水準名とそのデータが表示されます。

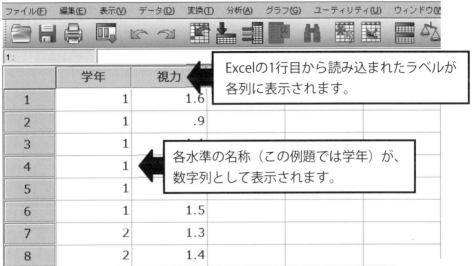

SPSSでは、小数点の前のゼロが省略されるので、「0.8」が「.8」、「0.9」が「.9」のように表示されるよ！

Excelファイルに書かれたデータをSPSSに読み込ませる方法のほかに、データビューの画面で、SPSSに直接データを入力する方法もあります。
被験者名や水準名を日本語で入力する場合は全角文字で、データの数値を入力する場合は半角数字で入力します。

	VAR00001	VAR00002	var
1	1	1.6	
2	1	.9	
3	1	1.1	
4	1	1.3	
5	1	.	
6	1	.	

データの数字を全角文字で入力してしまうと、SPSSで分析を行うときにエラーになってしまうので、十分に注意してね！

1.3 SPSSの出力結果の保存

SPSSの出力結果の保存には、SPSSの結果ファイルとして保存する方法と、Excelファイルとして保存する方法があります。

（1） SPSSの結果ファイルとして保存する方法

手順1 上のメニューバーから、［ファイル］→［名前を付けて保存］を選択します。

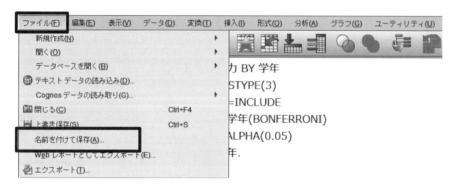

手順2 「出力を名前を付けて保存」ウインドウで、以下の①〜③の手順によって、spvという形式でファイルを保存します。

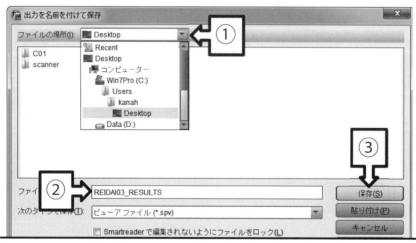

①「ファイルの場所」リストから、ファイルを保存する場所を選択します。

② ファイルに名前を付けます。

③ ［保存］ボタンを押し、ファイルを保存します。

（2） Excelファイルとして保存する方法

　SPSSの結果の画面において、上のメニューバーから、［ファイル］→［エクスポート］を選択します。

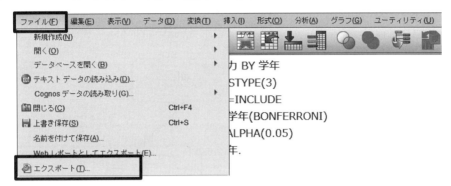

　「出力のエクスポート」ウインドウで、以下の①～③の手順によって、Excelの形式（*.xls）で結果を保存します。

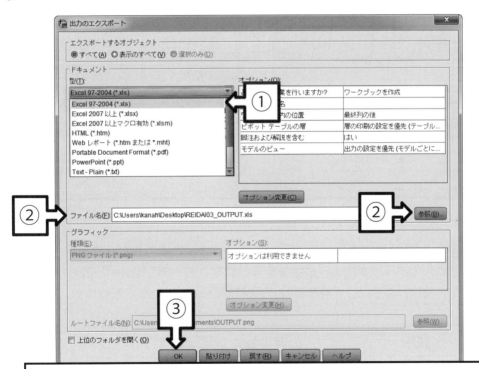

① 「型」リストから、［Excel 97-2004（*.xls）］形式を選択します。

② ［参照］ボタンを押して、ファイルの保存先を指定し、ファイルに名前を付けます。

③ ［OK］ボタンを押し、ファイルを保存します。

1.4 統計的検定の進め方

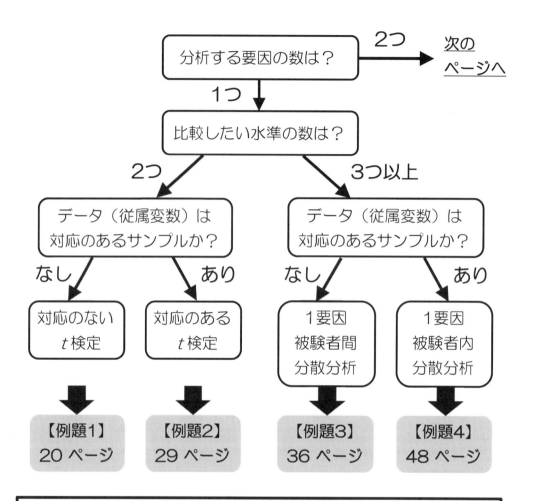

統計的検定の進め方　15

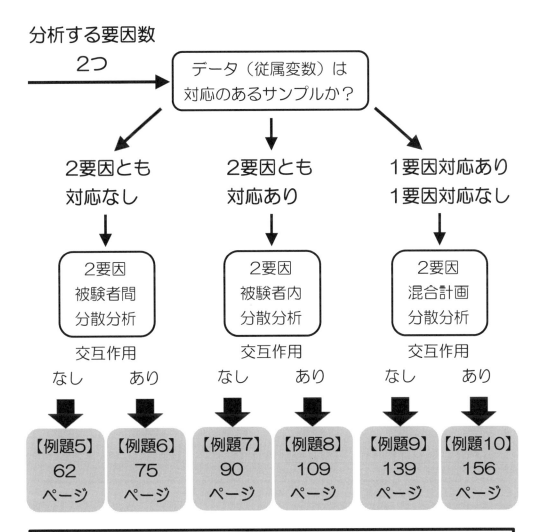

◆「対応のある」とは？

下の表のように、各水準のデータが、同一の被験者から得られている場合のこと。したがって、水準間の比較は被験者が同じデータの間での比較となる。「対応のある」の他に、「被験者内」「繰り返しがある」などとも言う。

要因	音の強度（dBSPL）		
水準	40	60	80
Oさん	Oさんデータ	Oさんデータ	Oさんデータ
Pさん	Pさんデータ	Pさんデータ	Pさんデータ
Qさん	Qさんデータ	Qさんデータ	Qさんデータ

1.4.1　1要因分散分析の流れ

1要因分散分析の流れを下図に示します。SPSSの出力結果も、この流れに従って読み取ります。

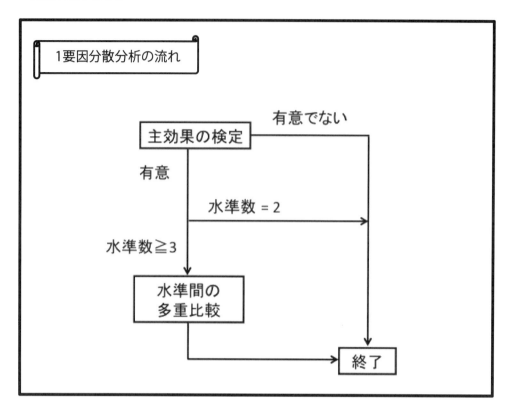

1要因分散分析では、最初に「主効果の検定」を行います。主効果の検定では、実験者が操作した要因が、測定した変数に効果を及ぼすかどうかを検定します。たとえば36ページの例題3では、学年によって視力の値が変化するかどうかを検定します。

主効果の検定の結果、要因が有意となり、かつその要因の水準数が3以上の場合は、どの水準間に有意な差があるかをみるために、多重比較検定を行います。

一方、主効果の検定の結果、要因が有意となり、かつその要因の水準数が2の場合は、多重比較検定の結果を確認する必要はありません。なぜならば、主効果の検定結果自体が、その要因の2つの水準間に差があることを意味しているからです。この場合は、そのまま検定を終了します。

1.4.2 2要因分散分析の流れ

2要因分散分析の流れを下図に示します。SPSSの出力結果も、この流れに従って読み取ります。

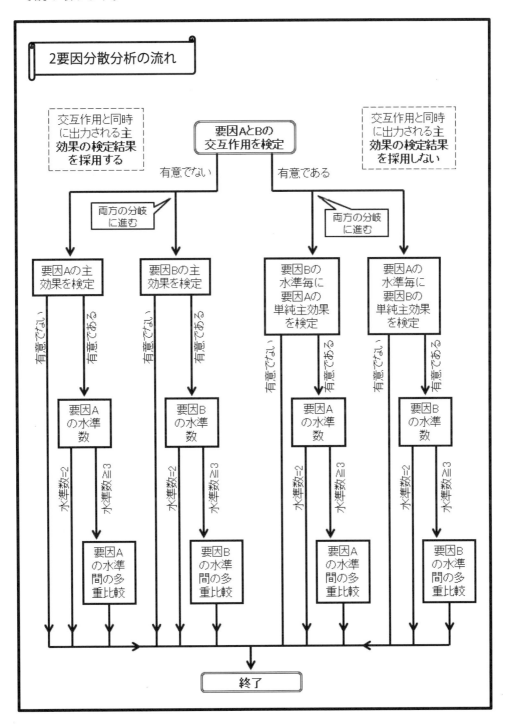

2要因分散分析では、最初に「交互作用の検定」を行います。すなわち、実験者が操作した要因のうち、一方の要因によって他方の要因が影響を受け、要因の水準ごとに従属変数の変化の傾向が変わっているかどうかを検定します。

2要因分散分析では、
2つの要因の交互作用が有意かどうかによって、
その次からの分析のやり方が変わってくるよ！
まず交互作用の検定結果を確認しよう！

(1) 交互作用が有意でなかった場合（17ページの流れ図の左側の分岐）

交互作用が有意ではなかった場合、各要因の主効果を確認します。実験者が操作した各要因が、測定した変数に効果を及ぼすかどうかを検定します。たとえば90ページの例題7では、ミルクの量もしくは砂糖の量によって缶コーヒーの評価値が変化するかどうかを検定します。

主効果の検定の結果、要因が有意となり、かつその要因の水準数が3以上の場合は、どの水準間に有意な差があるかをみるために、多重比較検定を行います。

(2) 交互作用が有意であった場合（17ページの流れ図の右側の分岐）

交互作用が有意であった場合、各要因の主効果の検定結果を採用せずに、単純主効果の検定を行います。単純主効果の検定では、第1の要因、第2の要因それぞれにおいて、その要因の水準ごとに、他方の要因の効果があるかどうかを検定します。

例題6（75ページ〜）や例題8（109ページ〜）の
具体例を使った単純主効果の検定の説明を見ると
イメージがわきやすいよ！

検定の結果、各要因の単純主効果が有意となり、かつその要因の水準数が3以上の場合は、どの水準間に有意な差があるかをみるために、多重比較検定を行います。

第2章
SPSSによる統計的検定の方法

t 検定
～対応なし～

ある大学のスキー部とテニス部に所属する学生の身長を測定した。スキー部員は7名、テニス部員は10名であった。また、両方の部に所属する学生はいなかった。結果をTable 2.1.1に示す。2つの部の部員の身長の違いについて検討せよ。

Table 2.1.1
部員の身長（cm）

スキー部		テニス部	
被験者	身長	被験者	身長
Hさん	182	Oさん	177
Iさん	178	Pさん	178
Jさん	186	Qさん	167
Kさん	169	Rさん	165
Lさん	173	Sさん	180
Mさん	188	Tさん	178
Nさん	177	Uさん	169
		Vさん	171
		Wさん	168
		Xさん	164

スキー部とテニス部の人数が違うけど大丈夫なのかな？

2.1.1 データの入力と設定

部という要因にスキー部とテニス部の2水準があり、両方の部に所属している学生はいないので、このデータの分析には「対応のない t 検定」を用います。データは、下の左図のように、水準ごとに縦に並べます。Excelのデータファイルでは、下の右図のように、A列に水準を示す番号として、スキー部に1を、テニス部に2を**半角数字**で、B列に各被験者の身長を**半角数字**で入力します。

要因名	計測値
水準1	水準1のデータ1
水準1	水準1のデータ2
水準1	水準1のデータ3
水準1	水準1のデータ4
水準1	水準1のデータ5
:	:
水準2	水準2のデータ1
水準2	水準2のデータ2
水準2	水準2のデータ3
水準2	水準2のデータ4
水準2	水準2のデータ5
:	:

	A	B
1	部	身長
2	1	182
3	1	178
4	1	186
5	1	169
6	1	173
7	1	188
8	1	177
9	2	177
10	2	178
11	2	167
12	2	165
13	2	180
14	2	178
15	2	169
16	2	171
17	2	168
18	2	164

手順1 データビューの画面で、Excelファイルからデータを読み込みます。

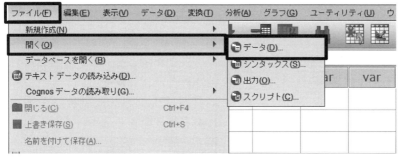

Excelファイルからのデータの読み込み方については、8ページの説明を見てね！

22　第2章　SPSSによる統計的検定の方法

ExcelのデータがSPSSに読み込まれると、データビューの画面に各水準を示す番号とそのデータが表示されます。

	部	身長
1	1	182
2	1	178
3	1	186
4	1	169
5	1	173
6	1	188
7	1	177
8	2	177
9	2	178
10	2	167
11	2	165
12	2	180
13	2	178
14	2	169
15	2	171

Excelの1行目から読み込まれたラベルが、各列のラベルとして表示されます。

変数ビューのタブを選ぶと、要因およびデータの特性が表示されます。以下のように各項目を変更しましょう。

	名前	型	幅	小数桁数	ラベル	値	欠損値	列	配置	尺度	役割
1	部	数値	11	0		なし	なし	8	右	名義	入力
2	身長	数値	11	0		なし	なし	8	右	スケール	入力
3											
4											

データの小数点以下の桁数を選択できます。例題1の身長のデータは整数（小数点以下の桁数がゼロ）なので、［0］（ゼロ）とします。

尺度が不明となっている場合は、尺度の水準を選択します。
例題1では、部の尺度を［名義］とし、身長の尺度を［スケール］とします。

変数ビューの画面の1行目（「部」の行）で［値］のセルを選択します。出現した「値ラベル」ウインドウで、部の各水準に名称を付けます。

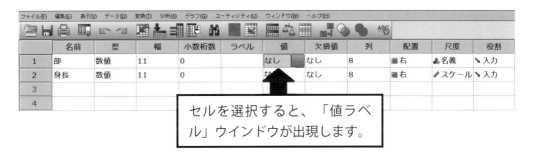

セルを選択すると、「値ラベル」ウインドウが出現します。

（1） ① 「値」の欄に、**半角数字**で［1］と入力します。
　　　② 「ラベル」の欄に、**全角文字**で［スキー部］と入力します。
　　　③ ［追加］ボタンを押します。

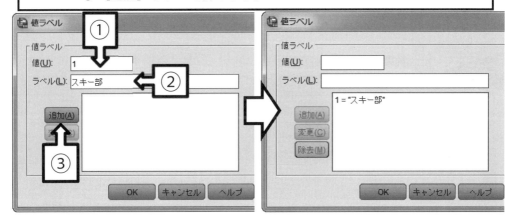

（2） ① 「値」の欄に、**半角数字**で［2］と入力します。
　　　② 「ラベル」の欄に、**全角文字**で［テニス部］と入力します。
　　　③ ［追加］ボタンを押します。

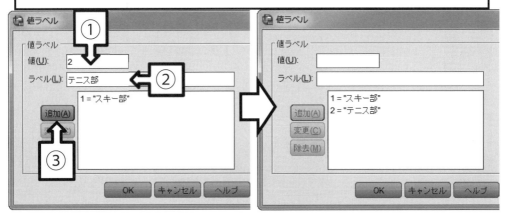

24　第2章　SPSSによる統計的検定の方法

（3）　［OK］ボタンを押すと、変数ビュー画面に戻ります。

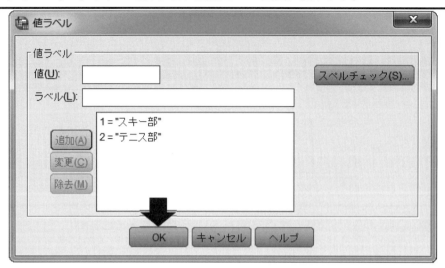

手順3　データビューの画面で、［値ラベル］ボタンを押すと、1列目に入力した、水準を示す数字に代わって、手順2で設定した名称が表示されます。

	部	身長	var	var	var	va
1	1	182				
2	1	178			部	身長
3	1	186		1	スキー部	182
4	1	169		2	スキー部	178
5	1	173		3	スキー部	186
6	1	188		4	スキー部	169
7	1	177		5	スキー部	173
8	2	177		6	スキー部	188
9	2	178		7	スキー部	177
10	2	167		8	テニス部	177
11	2	165		9	テニス部	178
12	2	180		10	テニス部	167
13	2	178		11	テニス部	165
14	2	169		12	テニス部	180
15	2	171		13	テニス部	178
				14	テニス部	169
				15	テニス部	171

2.1.2 分析操作

変数とデータの入力が終わったら、データを分析するための操作を行います。

手順1　上のメニューバーから、［分析］→［平均の比較］→［独立したサンプルのt検定］を選択します。

手順2　「独立したサンプルのt検定」ウインドウで、各変数の設定を行います。

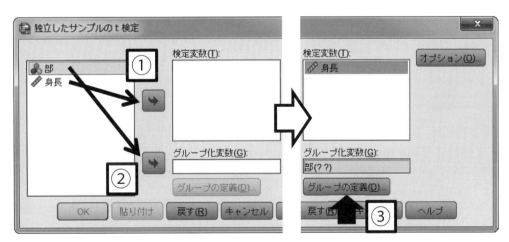

①左枠内の［身長］を選択します。
　　→　上の➡ボタンを押し、**検定変数**に［身長］を入れます。

②左枠内の［部］を選択します。
　　→　下の➡ボタンを押し、**グループ化変数**に［部］を入れます。

③［グループの定義］ボタンを押し、「グループの定義」ウインドウを開きます。

「グループの定義」ウインドウで、t検定を行う2つの水準を設定します。「グループ1」欄に半角数字で［1］と入力し、「グループ2」欄に同じく半角数字で［2］と入力します。入力を終えたら、下の［続行］ボタンを押します。

［続行］ボタンを押すと、「独立したサンプルのt検定」ウインドウに戻ります。

手順4　「独立したサンプルのt検定」ウインドウに戻ったら、下列のボタンのうち1番左の［OK］ボタンを押し、分析を実行します。

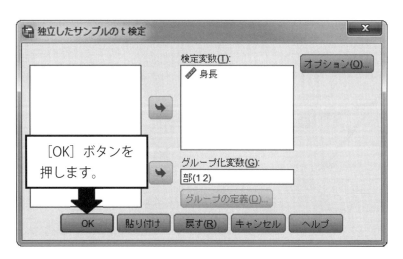

なお、左から2番目の［貼り付け］ボタンを押すと、ここまでの設定内容が、シンタックス（テキスト形式のプログラム）として書き出されます。このシンタックスを、シンタックス・エディタで編集して、分析を実行することも可能です。

シンタックス・エディタでのt検定（対応なしの場合）のやり方については、202ページを見てね！

2.1.3 結果の読み取り

出力された結果から、スキー部とテニス部に所属する部員の身長に差があるかどうかをみていきましょう。

以下の「グループ統計量」の表が、水準（部）ごとの記述統計量を示しています。

スキー部員の身長の平均値は179.0 cm、テニス部員の身長の平均値は171.7 cmであり、スキー部のほうが平均身長が高いことがわかります。

グループ統計量

	部	度数	平均値	標準偏差	平均値の標準誤差
身長	スキー部	7	179.00	6.831	2.582
	テニス部	10	171.70	6.001	1.898

以下の「独立サンプルの検定」の表が、対応のない t 検定（両側検定）の結果を示しています。

独立サンプルの検定

		等分散性のためのLeveneの検定		2つの母平均の差の検定					差の95% 信頼区間	
		F値	有意確率	t値	自由度	有意確率（両側）	平均値の差	差の標準誤差	下限	上限
身長	等分散を仮定する	.018	.896	2.334	15	.034	7.300	3.127	.634	13.966
	等分散を仮定しない			2.278	11.915	.042	7.300	3.204	.313	14.287

①

「等分散性のためのLeveneの検定」の欄の「有意確率」の値（①）と有意水準0.05とを比較します。

有意確率の値が「0.05 以上」
　→ 「独立サンプルの検定」の表の、
　　「等分散を仮定する」の行の
　　　t 検定の結果（②）を参照する

有意確率の値が「0.05 未満」
　→ 「独立サンプルの検定」の表の、
　　「等分散を仮定しない」の行の
　　　t 検定の結果（③）を参照する

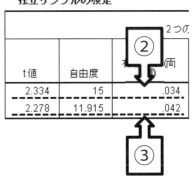

前ページの「独立サンプルの検定」の表で、等分散性のためのLeveneの検定の有意確率の値は0.896です。この値は0.05以上であるので、Leveneの検定の結果は有意ではありません。この場合、「等分散を仮定する」の行のt検定の結果を参照します。

前ページの「独立サンプルの検定」の表で、右から5番目の列にある「有意確率（両側）」の値と5％の有意水準0.05とを比較し、身長の差が有意か有意でないかを判断します。

　　　　有意確率（両側）の値が「0.05 以上」　→　有意ではない

　　　　有意確率（両側）の値が「0.05 未満」　→　5％水準で有意

「独立サンプルの検定」の表中の有意確率（両側）の値は 0.034 です。この値は0.05未満であるので、身長の差が5％水準で有意であると判断します。すなわち、2つの部の部員の身長の間に、統計的に有意な差が認められました。

> 有意だと判断する基準（有意水準）は他にもいくつかあって、
> 1％水準なら0.01よりも上か下かの判断になり、
> 0.1％水準なら0.001よりも上か下かの判断になるよ！

対応のない t 検定の結果の書き方の例

　　対応のない t 検定（両側検定）を行ったところ、2つの部の部員の身長の平均値の間に有意な差が認められた [$t(15) = 2.33, p < .05$]。

結果の数値の表記について

独立サンプルの検定

2つの母平均の差の検定

t値	自由度	有意確率(両側)	平均値の差	差の標準誤差	差の95%信頼区間 下限	上限
2.334	15	.034	7.300	3.127	.634	13.966
2.278	11.915	.042	7.300	3.204	.313	14.287

↑t値はここを見る　↑自由度はここを見る

t検定の結果の表記では、t値と自由度の値を示します。
検定結果が有意か否かは、下の表のとおりに記述します。

tやpなどの統計記号は斜体にする　→　　自由度　t値　右の表のとおりに入れる
　　　　　　　　　　　　　　　　　　　↓　　　↓　　　↓
　　　　　　　　　　　　　　　　　$t(15) = 2.33, p < .05$

5％水準で有意 →	$p < .05$
1％水準で有意 →	$p < .01$
0.1％水準で有意 →	$p < .001$
有意ではない →	ns

t 検定
~対応あり~

ある大学で選ばれた10名が英語圏の国へ語学留学に行った。この10名が留学前および留学後に受けた、英語のテストの得点をTable 2.2.1に示す。語学留学の効果について検討せよ。

Table 2.2.1
英語テストの得点（点）

被験者	留学前	留学後
Oさん	75	77
Pさん	66	81
Qさん	62	89
Rさん	75	81
Sさん	67	88
Tさん	71	93
Uさん	67	82
Vさん	77	78
Wさん	79	79
Xさん	80	76

留学の前と後で同じ人が英語のテストを受けているから、データ数が同じだね。

2.2.1 データの入力と設定

テストの時期の要因に留学前と留学後の2水準があり、同じ被験者が両方のテストに参加しているので、このデータの分析には「対応のあるt検定」を用います。データは下の左図のように、各水準のデータを縦に、各被験者のデータを横に並べます。Excelのデータファイルでは、下の右図のように1行目に各水準の名称を入力します。2行目以降には、A列に留学前のデータ、B列に留学後のデータを縦に並べて入力します。その際、各被験者のデータが横に並ぶようにします。

水準1	水準2
Oさん水準1データ	Oさん水準2データ
Pさん水準1データ	Pさん水準2データ
Qさん水準1データ	Qさん水準2データ
Rさん水準1データ	Rさん水準2データ
Sさん水準1データ	Sさん水準2データ
Tさん水準1データ	Tさん水準2データ
Uさん水準1データ	Uさん水準2データ
⋮	⋮

	A	B
1	留学前	留学後
2	75	77
3	66	81
4	62	89
5	75	81
6	67	88
7	71	93
8	67	82
9	77	78
10	79	79
11	80	76

手順1 データビューの画面で、Excelファイルからデータを読み込みます。

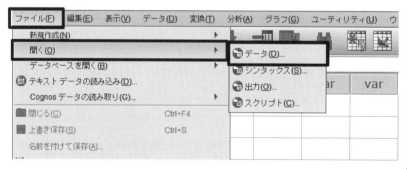

Excelファイルからのデータの読み込み方については、8ページの説明を見てね!

ExcelのデータがSPSSに読み込まれると、データビューの画面に各水準のデータが表示されます。

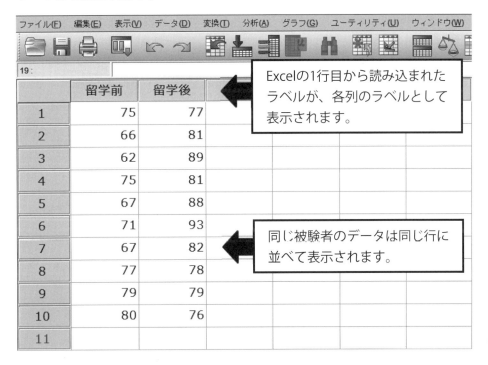

 変数ビューのタブを選ぶと、各水準の特性が表示されます。以下のように各項目を変更しましょう。

	名前	型	幅	小数桁数	ラベル	値	欠損値	列	配置	尺度	役割
1	留学前	数値	11	0		なし	なし	7	右	スケール	入力
2	留学後	数値	11	0		なし	なし	7	右	スケール	入力
3											
4											

データの小数点以下の桁数を選択できます。例題2の得点のデータは整数(小数点以下の桁数がゼロ)なので、[0](ゼロ)とします。

尺度が不明となっている場合は、尺度の水準を選択します。
例題2では、両水準ともに[スケール]とします。

2.2.2 分析操作

変数とデータの入力が終わったら、データを分析するための操作を行います。

　上のメニューバーから、[分析]→[平均の比較]→[対応のあるサンプルのt検定]を選択します。

　「対応のあるサンプルのt検定」ウインドウで、比較する2つの水準を選択します。すなわち、左の枠内にある[留学前]と[留学後]の2つを、対応のある変数のペアとして、以下の①～④の手順で、右の「対応のある変数」枠の該当場所に入力します。

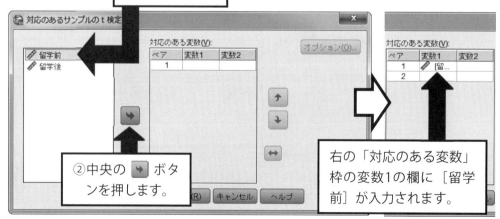

例題2　t検定 〜対応あり〜

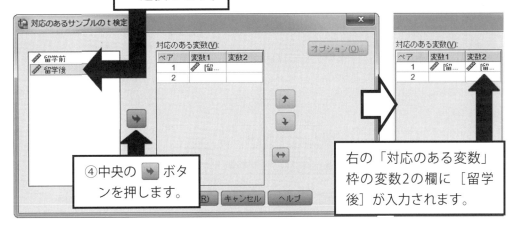

比較する水準を選択したら、下の5つのボタンのうち1番左の［OK］ボタンを押し、分析を実行します。

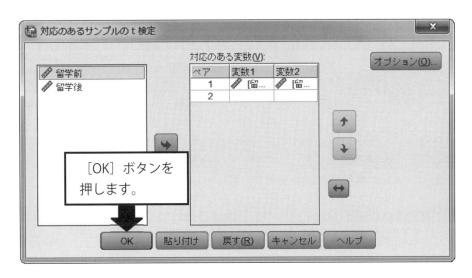

なお、左から2番目の［貼り付け］ボタンを押すと、ここまでの設定内容が、シンタックス（テキスト形式のプログラム）として書き出されます。このシンタックスを、シンタックス・エディタで編集して、分析を実行することも可能です。

シンタックス・エディタでのt検定（対応ありの場合）のやり方については、203ページを見てね！

2.2.3 結果の読み取り

出力された結果から、留学前と留学後の英語のテストの得点に差があるかどうかをみていきましょう。

以下の表は、各水準の記述統計量を示した表です。
留学前のテストの得点の平均値は71.9点、留学後のテストの得点の平均値は82.4点であり、留学後の得点が高いことがわかります。

対応サンプルの統計量

		平均値	度数	標準偏差	平均値の標準誤差
ペア1	留学前	71.90	10	6.173	1.952
	留学後	82.40	10	5.700	1.802

以下の表は、対応のあるt検定（両側検定）の結果を示しています。
留学前と留学後の英語テストの得点に、有意な差があるかどうかをみていきます。

対応サンプルの検定

	対応サンプルの差					t値	自由度	有意確率(両側)
	平均値	標準偏差	平均値の標準誤差	差の95%信頼区間 下限	差の95%信頼区間 上限			
ペア1 留学前 - 留学後	-10.500	10.845	3.429	-18.258	-2.742	-3.062	9	.014

↑ ここを見る

上の「対応サンプルの検定」の表の「ペア1　留学前 − 留学後」の行の1番右の列にある「有意確率（両側）」の値と有意水準0.05とを比較し、テストの時期の要因が有意か有意でないかを判断します。

　　　有意確率の値が「0.05 以上」　→　有意ではない
　　　有意確率の値が「0.05 未満」　→　5%水準で有意

上の「対応サンプルの検定」の表では、有意確率の値は0.014です。この値は0.05未満であるので、テストの時期の要因が5%水準で有意であると判断します。すなわち、留学前後の英語テストの得点の間に、統計的に有意な差が認められました。

有意だと判断する基準（有意水準）は他にもいくつかあって、
1%水準なら0.01よりも上か下かの判断になり、
0.1%水準なら0.001よりも上か下かの判断になるよ！

例題2　t検定 〜対応あり〜　35

<u>対応のあるｔ検定の結果の書き方の例</u>

対応のあるｔ検定（両側検定）を行ったところ、留学前後での英語テストの得点の平均値の間に有意な差が認められた [$t(9) = 3.06, p < .05$]。

<u>結果の数値の表記について</u>

対応サンプルの検定

		対応サンプルの差				t値	自由度	有意確率(両側)
		平均値	標準偏差	平均値の標準誤差	差の 95% 信頼区間			
					下限　上限			
ペア1	留学前 - 留学後	-10.500	10.845	3.429	-18.258　-2.742	-3.062	9	.014

ｔ検定の結果の表記では、ｔ値と自由度の値を示します。
検定結果が有意か否かは、下の表のとおりに記述します。

ｔ値はここを見る　　自由度はここを見る

ｔやpなどの統計記号は斜体にする　→　　自由度　ｔ値　右の表のとおりに入れる

$$t(9) = 3.06, p < .05$$

5%水準で有意	→	$p < .05$
1%水準で有意	→	$p < .01$
0.1%水準で有意	→	$p < .001$
有意ではない	→	ns

【参考】ｔ値にマイナスがつく場合

対応サンプルの検定

		対応サンプルの差				t値	自由度	有意確率(両側)
		平均値	標準偏差	平均値の標準誤差	差の 95% 信頼区間			
					下限　上限			
ペア1	留学前 - 留学後	-10.500	10.845	3.429	-18.258　-2.742	-3.062	9	.014

ｔ検定の結果を示している「対応サンプルの検定」の表では、ｔ値がプラスになる場合とマイナスになる場合があります。この例題2の結果では、上の表のようにｔ値にマイナスの符号がついています。

これは、データの表（30ページ）でA列の平均値よりもB列の平均値のほうが値が大きくなる場合に、SPSSの計算の都合上、結果として生じてしまうものであり、ｔ検定の結果自体は変わりません。このテキストのｔ検定の結果の表記では、マイナスの符号を省略して書いています。

例題3　1要因被験者間分散分析

ある町のとある高校の、1年生、2年生、3年生の裸眼の視力を測定した。測定した各学年の人数はそれぞれ6名であった。結果をTable 2.3.1に示す。この高校の学年間の視力の差について検討せよ。

Table 2.3.1
高校1～3年生の視力の測定結果

1年生		2年生		3年生	
被験者	視力	被験者	視力	被験者	視力
Iさん	1.6	Oさん	1.3	Uさん	0.7
Jさん	0.9	Pさん	1.4	Vさん	0.8
Kさん	1.1	Qさん	0.8	Wさん	0.9
Lさん	1.3	Rさん	1.4	Xさん	1.3
Mさん	1.2	Sさん	0.8	Yさん	0.7
Nさん	1.5	Tさん	1.2	Zさん	0.6

上の学年になるほどたくさん勉強するので視力が悪くなるかな？

2.3.1 データの入力と設定

学年という1つの要因に3水準（1年生、2年生、3年生）があり、すべての被験者がいずれかの学年にのみ所属するので、このデータの分析には「1要因被験者間分散分析」を用います。データは、水準ごとに縦に並べます。
Excelのデータファイルでは、下の右図のように、A列に学年名を**半角数字**で、B列に各被験者の視力を**半角数字**で入力します。

水準	計測値
1	水準1のデータ1
1	水準1のデータ2
1	水準1のデータ3
1	:
2	水準2のデータ1
2	水準2のデータ2
2	水準2のデータ3
2	:
3	水準3のデータ1
3	水準3のデータ2
3	水準3のデータ3
3	:

	A	B
1	学年	視力
2	1	1.6
3	1	0.9
4	1	1.1
5	1	1.3
6	1	1.2
7	1	1.5
8	2	1.3
9	2	1.4
10	2	0.8
11	2	1.4
12	2	0.8
13	2	1.2
14	3	0.7
15	3	0.8
16	3	0.9
17	3	1.3
18	3	0.7
19	3	0.6

手順1 データビューの画面で、Excelファイルからデータを読み込みます。

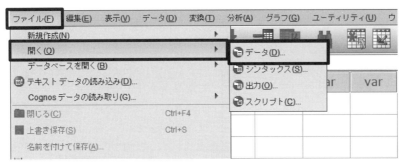

Excelファイルからのデータの読み込み方については、8ページの説明を見てね！

ExcelのデータがSPSSに読み込まれると、データビューの画面に各水準名とそのデータが表示されます。

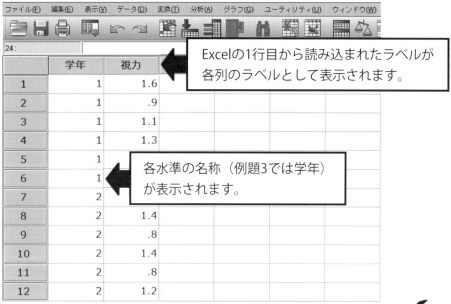

Excelの1行目から読み込まれたラベルが各列のラベルとして表示されます。

各水準の名称（例題3では学年）が表示されます。

SPSSでは、小数点の前のゼロが省略されるので、「0.8」が「.8」、「0.9」が「.9」のように表示されるよ！

手順2 変数ビューのタブを選ぶと、要因およびデータの特性が表示されます。以下のように各項目を変更しましょう。

データの小数点以下の桁数を選択できます。例題3の視力のデータは小数点以下第1位までのデータなので、［1］とします。

尺度が不明となっている場合は、尺度の水準を選択します。
例題3では、学年の尺度を［名義］とし、視力の尺度を［スケール］とします。

2.3.2 分析操作

変数とデータの入力が終わったら、データを分析するための操作を行います。

手順1 上のメニューバーから、［分析］→［一般線型モデル］→［1変量］を選択します。

手順2 「1変量」ウインドウで、各変数の設定を行います。

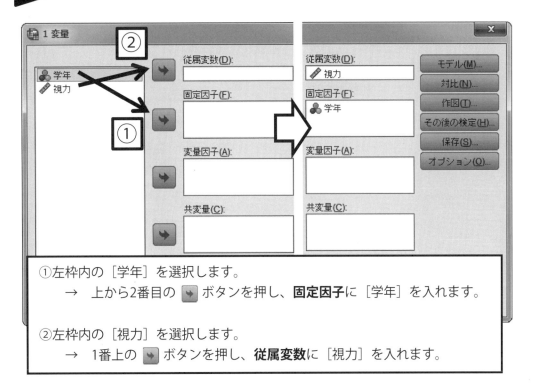

①左枠内の［学年］を選択します。
　→　上から2番目の ➡ ボタンを押し、**固定因子**に［学年］を入れます。

②左枠内の［視力］を選択します。
　→　1番上の ➡ ボタンを押し、**従属変数**に［視力］を入れます。

変数の設定を終えたら、「1変量」ウインドウの右側にある［オプション］ボタンを押します。※ ver.25以降を使用している場合は巻末の変更点対応マニュアルpp.2～4を参照。

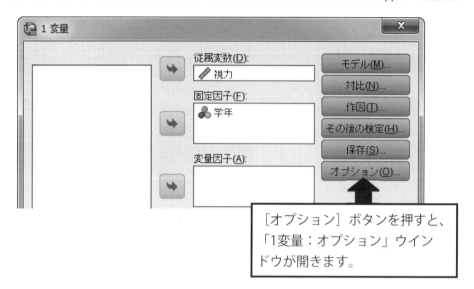

［オプション］ボタンを押すと、「1変量：オプション」ウインドウが開きます。

手順3 「1変量：オプション」ウインドウで、以下の①～③の手順によって多重比較の設定を行います。

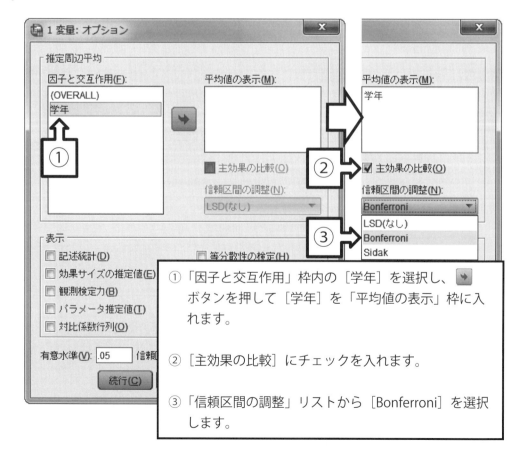

① 「因子と交互作用」枠内の［学年］を選択し、→ボタンを押して［学年］を「平均値の表示」枠に入れます。

② ［主効果の比較］にチェックを入れます。

③ 「信頼区間の調整」リストから［Bonferroni］を選択します。

例題3　1要因被験者間分散分析　41

手順4　「1変量：オプション」ウインドウでは、分散分析以外の集計や検定を設定することも可能です。たとえば「表示」枠の中から［記述統計］にチェックを入れると、平均値や標準偏差の値が記載された「記述統計量」の表が出力に追加されます。
設定を終えたら、下の［続行］ボタンを押します。

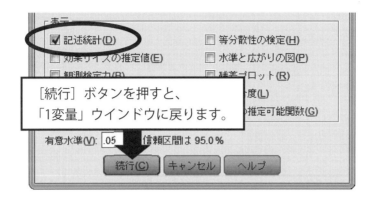

［続行］ボタンを押すと、「1変量」ウインドウに戻ります。

手順5　「1変量」ウインドウに戻ったら、下の5つのボタンのうち1番左の［OK］ボタンを押し、分析を実行します。

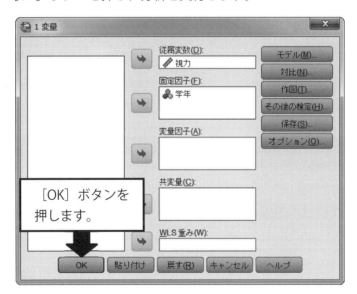

［OK］ボタンを押します。

なお、左から2番目の［貼り付け］ボタンを押すと、ここまでの設定内容が、シンタックス（テキスト形式のプログラム）として書き出されます。このシンタックスを、シンタックス・エディタで編集して、分析を実行することも可能です。

シンタックス・エディタでの1要因被験者間分散分析のやり方については、204ページを見てね！

2.3.3 結果の読み取り

16ページの1要因分散分析の流れに沿って、出力された結果から、高校1〜3年生の視力の間に差があるかどうかをみていきましょう。以下の「被験者間効果の検定」の表が、1要因被験者間分散分析の結果を示しています。

 学年の主効果の検定結果

被験者間効果の検定

従属変数: 視力

ソース	タイプIII 平方和	自由度	平均平方	F値	有意確率
修正モデル	.603[a]	2	.302	4.344	.032
切片	21.125	1	21.125	304.200	.000
学年	.603	2	.302	4.344	.032
誤差	1.042	15	.069		
総和	22.770	18			
修正総和	1.645	17			

（ここを見る → .032）

上の「被験者間効果の検定」の表において、「学年」の行の1番右の列にある「有意確率」の値と5%の有意水準0.05を比較し、学年の要因が有意か有意でないかを判断します。

　　　有意確率の値が「0.05 以上」　→　有意ではない
　　　有意確率の値が「0.05 未満」　→　5%水準で有意

上の表では、学年の有意確率の値は0.032です。この値は0.05未満であるので、学年の主効果が5%水準で有意であると判断します。
学年の主効果が有意ということは、学年という要因が視力に有意に効果を及ぼすこと、すなわち学年によって視力の値が変化することを意味しています。

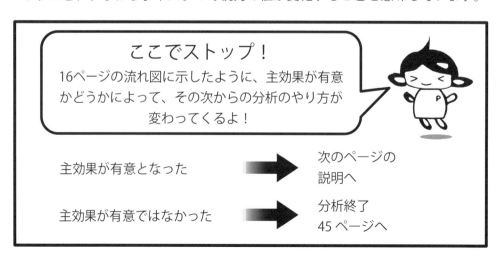

ここでストップ！
16ページの流れ図に示したように、主効果が有意かどうかによって、その次からの分析のやり方が変わってくるよ！

主効果が有意となった　→　次のページの説明へ

主効果が有意ではなかった　→　分析終了 45ページへ

1要因被験者間分散分析を行ったところ、学年の主効果が有意となりました。ただし、この結果はいずれかの水準間（高校1〜3年生の間）に視力の差があることを示しているだけであり、どの水準間に有意な差があるかについては何も示していません。高校1年生と高校2年生の間に差があるのかもしれませんし、高校2年生と高校3年生の間に差があるのかもしれません。あるいは、すべての学年の組み合わせの間に有意な差があるのかもしれません。そこで、どの水準間に有意な差があるかをみるために、多重比較検定を行います。

多重比較の結果は「推定周辺平均」の部分に示されています。

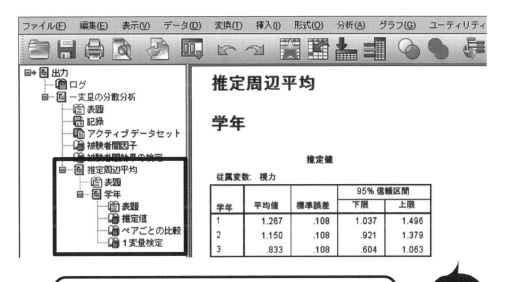

意外と知られていないんだけど、左のタイトルリストの中の項目をマウスでクリックすると、右の画面に、その項目の内容が表示されるんだよ！

「推定周辺平均」の中の「ペアごとの比較」の表に、多重比較の結果が示されています。1番左の列に、水準ごとの組み合わせが示されており、その右側に分析結果が示されています。

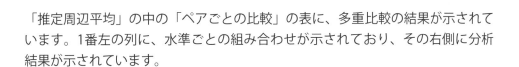

➡ 1年生と2年生の組み合わせの結果

➡ 2年生と3年生の組み合わせの結果

学年間の多重比較の検定結果

「推定周辺平均」の中の「ペアごとの比較」の表の右から3列目に、学年間の視力の平均値の差に対応する有意確率が示されています。

（注）水準名が同じ組み合わせ（たとえば「1年生－2年生」と「2年生－1年生」）の場合には、同じ結果が示されています。

ペアごとの比較

従属変数: 視力

(I) 学年	(J) 学年	平均値の差 (I-J)	標準誤差	有意確率[b]	95% 平均差信頼区間[b]	
					下限	上限
1	2	.117	.152	1.000	-.293	.527
	3	.433*	.152	.037	.023	.843
2	1	-.117	.152	1.000	-.527	.293
	3	.317	.152	.165	-.093	.727
3	1	-.433*	.152	.037	-.843	-.023
	2	-.317	.152	.165	-.727	.093

これらの有意確率の値と、5%の有意水準0.05を比較し、学年間における視力の平均値の差が有意か有意でないかを判断します。

　　有意確率の値が「0.05 以上」　→　有意ではない
　　有意確率の値が「0.05 未満」　→　5%水準で有意

「ペアごとの比較」の表において、3通りの学年の組み合わせのうち、有意確率の値が 0.05未満であるのは1年生と3年生の間のみです。よって、1年生と3年生の間の視力の差が5%水準で有意であると判断し、他の組み合わせは有意ではないと判断します。

　　1年生－2年生 の間の有意確率　1.000 > 0.05　→　有意ではない
　　1年生－3年生 の間の有意確率　**0.037 < 0.05**　→　**有意**
　　2年生－3年生 の間の有意確率　0.165 > 0.05　→　有意ではない

このテキストでは「Bonferroni法」という多重比較法で検定を行ったけど、SPSSでは他の多重比較法も選べるよ。選んだ方法によって多重比較の結果も変わってくるよ！

例題3　1要因被験者間分散分析

1要因被験者間分散分析の結果の書き方の例

高校1～3年生の視力について、学年を要因とする1要因被験者間分散分析を行ったところ、学年の主効果が有意であった [$F(2, 15) = 4.34, p < .05$]。学年間の視力の差についてBonferroni法による多重比較を行ったところ、1年生と3年生の間に有意差が認められた（$p < .05$）。しかし、1年生と2年生、2年生と3年生の間には有意差は認められなかった。

結果の数値の表記について

1要因被験者間分散分析の結果を書く際には、「被験者間効果の検定」の表から要因の F 値と自由度、誤差の自由度を読み取ります。

被験者間効果の検定

従属変数: 視力

ソース	タイプIII 平方和	自由度	平均平方	F 値	有意確率
修正モデル	.603ª	2	.302	4.344	.032
切片	21.125	1	21.125	304.200	.000
学年		2	.302	4.344	.032
誤差	1.042	15	.069		
総和	22.770	18			
修正総和	1.645				

（要因の自由度はここを見る／誤差の自由度はここを見る／F値はここを見る）

結果の数値の表記のポイント

FやpなどのF統計記号は斜体にする

→ $F(2, 15) = 4.34, p < .05$

- 要因（学年）の自由度
- 誤差の自由度
- 要因のF値
- 右の表のとおりに入れる

5%水準で有意	→ $p < .05$
1%水準で有意	→ $p < .01$
0.1%水準で有意	→ $p < .001$
有意ではない	→ ns

【参考】 1要因被験者間分散分析　分散分析表の作り方

論文やレポートなどに分散分析表を載せる場合は、SPSSの結果の表をそのまま転載するのではなく、「被験者間効果の検定」の表から必要な項目を読み取って、分散分析表を作成します。

被験者間効果の検定

従属変数: 視力

ソース	タイプIII 平方和	自由度	平均平方	F値	有意確率
修正モデル	.603a	2	.302	4.344	.032
切片	21.125	1	21.125	304.200	.000
学年	.603	2	.302	4.344	.032
誤差	1.042	15	.069		
総和	22.770	18			
修正総和	1.645	17			

[分散分析表のタイトルを書く]

要因	平方和	自由度	平均平方	F 値
〔要因名〕	要因のタイプIII 平方和	要因の自由度	要因の平均平方	要因のF 値
誤差	誤差のタイプIII 平方和	誤差の自由度	誤差の平均平方	
全体	修正総和のタイプIII 平方和	修正総和の自由度		

●分散分析表の具体例

Table 2.3.2
学年を要因とする1要因被験者間分散分析表

要因	平方和	自由度	平均平方	F 値
学年	0.60	2	0.30	4.34 *
誤差	1.04	15	0.07	
全体	1.65	17		

* $p < .05$

（注）SPSSの結果の表では小数点の前のゼロが省略されているので、それを補って書く。

【参考】 多重比較の結果の表の作り方

論文やレポートなどに多重比較の結果の表を載せる場合は、「ペアごとの比較」の表をそのまま転載するのではなく、どの水準間で有意差が認められ、どの水準間で有意差が認められなかったのかを判断し、該当する箇所にその結果を記号で書き入れた表を作成します。

ペアごとの比較

従属変数: 視力

(I) 学年	(J) 学年	平均値の差 (I-J)	標準誤差	有意確率^b	下限	上限
1	2	.117	.152	1.000	-.293	.527
	3	.433*	.152	.037	.023	.843
2	1	-.117	.152	1.000	-.527	.293
	3	.317	.152	.165	-.093	.727
3	1	-.433*	.152	.037	-.843	-.023
	2	-.317	.152	.165	-.727	.093

ここを読み取り、有意差の有無を記号で結果の表に入れる

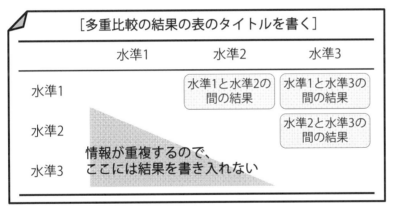

有意差あり:
* （5%水準）
** （1%水準）
*** （0.1%水準）

有意差なし:
ns

●多重比較の結果の表の具体例

Table 2.3.3

学年間の多重比較の結果

	1年生	2年生	3年生
1年生		ns	*
2年生			ns
3年生			

* $p<.05$, ns: 有意差なし

例題4　1要因被験者内分散分析

血圧を下げる効果が期待される健康茶をA社が開発した。血圧の高さが気になる6名に、毎日健康茶を飲み続けてもらい、定期的に血圧を測定した。各経過日数における最高血圧の値をTable 2.4.1に示す。血圧に対する健康茶の効果について検討せよ。

Table 2.4.1
各経過日数における最高血圧の値（mmHg）

被験者	経過日数（日）			
	0	15	30	45
Oさん	165	153	146	141
Pさん	126	119	107	110
Qさん	147	147	130	119
Rさん	139	129	134	129
Sさん	153	143	145	131
Tさん	148	153	146	145

「mmHg」は血圧の単位だよ。

2.4.1 データの入力と設定

経過日数という要因が1つ存在し、その要因に4水準（0日後、15日後、30日後、45日後）があり、各被験者がすべての水準において血圧を測定しているので、このデータの分析には「1要因被験者内分散分析」を用います。

データは、被験者ごと、水準ごとに縦に並べます。Excelのデータファイルでは、下の右図のように、A列に被験者名を**全角文字**で、B列に経過日数を**半角数字**で、C列に各被験者の最高血圧を**半角数字**で入力します。

被験者	水準	計測値
Oさん	1	Oさん水準1データ
Oさん	2	Oさん水準2データ
Oさん	3	Oさん水準3データ
⋮	⋮	⋮
Pさん	1	Pさん水準1データ
Pさん	2	Pさん水準2データ
Pさん	3	Pさん水準3データ
⋮	⋮	⋮
Qさん	1	Qさん水準1データ
Qさん	2	Qさん水準2データ
Qさん	3	Qさん水準3データ
⋮	⋮	⋮

	A	B	C
1	被験者	経過日数	最高血圧
2	Oさん	0	165
3	Oさん	15	153
4	Oさん	30	146
5	Oさん	45	141
6	Pさん	0	126
7	Pさん	15	119
8	Pさん	30	107
9	Pさん	45	110
10	Qさん	0	147
11	Qさん	15	147
12	Qさん	30	130
13	Qさん	45	119
14	Rさん	0	139
15	Rさん	15	129
16	Rさん	30	134
17	Rさん	45	129
18	Sさん	0	153
19	Sさん	15	143

手順1 データビューの画面で、Excelファイルからデータを読み込みます。

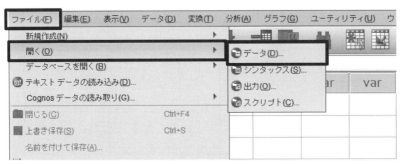

Excelファイルからのデータの読み込み方については、8ページの説明を見てね！

50　第2章　SPSSによる統計的検定の方法

ExcelのデータがSPSSに読み込まれると、データビューの画面に被験者と各水準名、およびそのデータが表示されます。

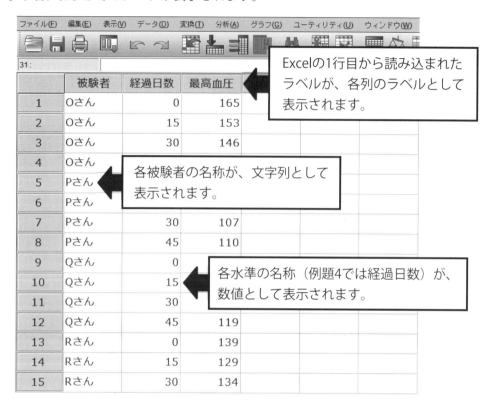

手順2　変数ビューのタブを選ぶと、被験者、要因およびデータの特性が表示されます。以下のように各項目を変更しましょう。

データの小数点以下の桁数を選択できます。例題4の血圧のデータは整数（小数点以下の桁数がゼロ）なので、［0］（ゼロ）とします。

尺度が不明となっている場合は、尺度の水準を選択します。
例題4では、被験者と経過日数の尺度を［名義］とし、最高血圧の尺度を［スケール］とします。

2.4.2 分析操作

変数とデータの入力が終わったら、データを分析するための操作を行います。

手順1　上のメニューバーから、［分析］→［一般線型モデル］→［1変量］を選択します。

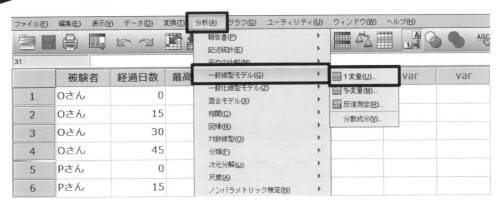

手順2　「1変量」ウインドウで、各変数の設定を行います。

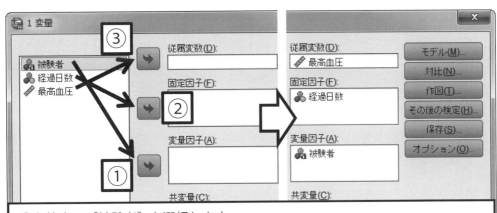

①左枠内の［被験者］を選択します。
　→　上から3番目の ➡ ボタンを押し、**変量因子**に［被験者］を入れます。

②左枠内の［経過日数］を選択します。
　→　上から2番目の ➡ ボタンを押し、**固定因子**に［経過日数］を入れます。

③左枠内の［最高血圧］を選択します。
　→　1番上の ➡ ボタンを押し、**従属変数**に［最高血圧］を入れます。

変数の設定を終えたら、「1変量」ウインドウの右側にある［モデル］ボタンを押します。

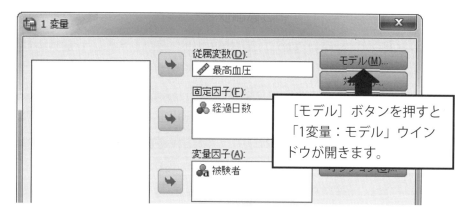

手順3　「1変量：モデル」ウインドウで、分析を行う変数を設定します。
「モデルの指定」枠では、すでに［すべての因子による］にチェックが入っています。これを［ユーザー指定］に変更します。

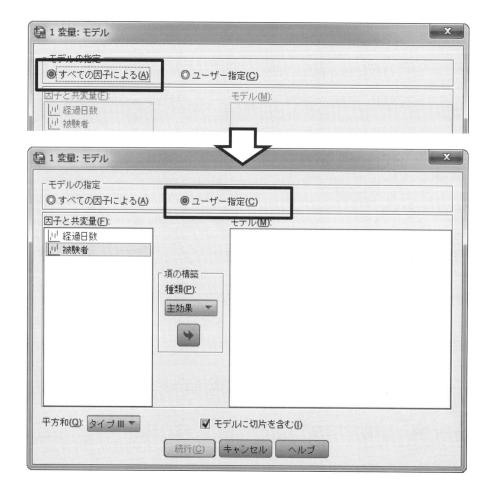

さらに「1変量：モデル」ウインドウで、以下のとおり変数を設定します。

(1) ① 左の「因子と共変量」枠内の［被験者］を選択します。
② 中央の「項の構築」内のリストから［主効果］を選択します。
③ リストの下の ➡ ボタンを押し、右の「モデル」枠に［被験者］を入れます。

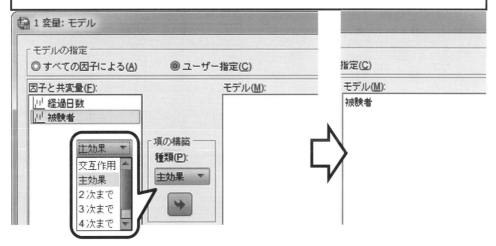

(2) ① 左の「因子と共変量」枠内の［経過日数］を選択します。
② 中央の「項の構築」内のリストから［主効果］を選択します。
③ リストの下の ➡ ボタンを押し、右の「モデル」枠に［経過日数］を入れます。

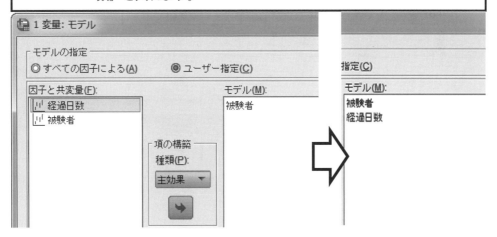

(3) ［続行］ボタンを押すと、「1変量」ウインドウに戻ります。

「1変量」ウインドウに戻ったら、ウインドウの右側にある[オプション]ボタンを押します。

※ ver.25以降を使用している場合は巻末の変更点対応マニュアルpp.2～4を参照。

[オプション]ボタンを押すと、「1変量:オプション」ウインドウが開きます。

手順5　「1変量:オプション」ウインドウで、以下の①～③の手順によって多重比較の設定を行います。

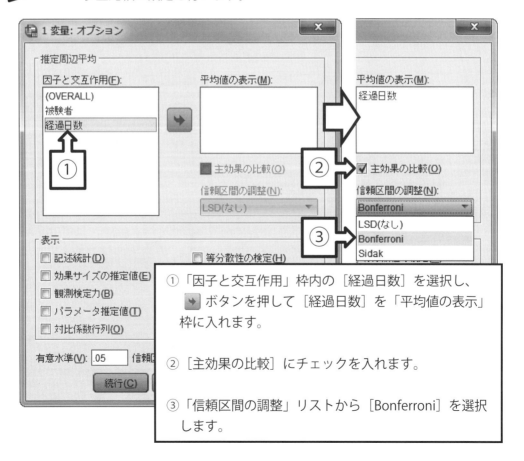

① 「因子と交互作用」枠内の[経過日数]を選択し、→ボタンを押して[経過日数]を「平均値の表示」枠に入れます。

② [主効果の比較]にチェックを入れます。

③ 「信頼区間の調整」リストから[Bonferroni]を選択します。

例題4　1要因被験者内分散分析　55

手順6　「1変量：オプション」ウインドウでは、分散分析以外の集計や検定を設定することも可能です。たとえば「表示」枠の中から［記述統計］にチェックを入れると、平均値や標準偏差の値が記載された「記述統計量」の表が出力に追加されます。
設定を終えたら、下の［続行］ボタンを押します。

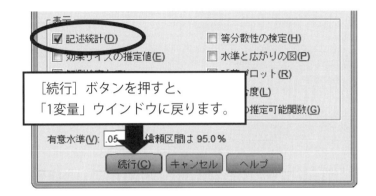

［続行］ボタンを押すと、「1変量」ウインドウに戻ります。

手順7　「1変量」ウインドウに戻ったら、下の5つのボタンのうち1番左の［OK］ボタンを押し、分析を実行します。

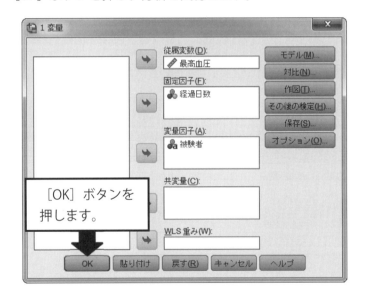

［OK］ボタンを押します。

なお、左から2番目の［貼り付け］ボタンを押すと、ここまでの設定内容が、シンタックス（テキスト形式のプログラム）として書き出されます。このシンタックスを、シンタックス・エディタで編集して、分析を実行することも可能です。

シンタックス・エディタでの1要因被験者内分散分析のやり方については、205ページを見てね！

2.4.3 結果の読み取り

16ページの1要因分散分析の流れに沿って、出力された結果から、経過日数によって最高血圧の値に差があるかどうかをみていきましょう。以下の「被験者間効果の検定」の表が、1要因被験者内分散分析の結果を示しています。

 経過日数の主効果の検定結果

被験者間効果の検定

従属変数: 最高血圧

ソース		タイプIII 平方和	自由度	平均平方	F値	有意確率
切片	仮説	455126.042	1	455126.042	678.137	.000
	誤差	3355.708	5	671.142ᵃ		
被験者	仮説	3355.708	5	671.142	21.011	.000
	誤差	479.125	15	31.942ᵇ		
経過日数	仮説	992.125	3	330.708	10.354	**.001**
	誤差	479.125	15	31.942ᵇ		

←ここを見る

上の「被験者間効果の検定」の表において、「経過日数」の行の1番右の列にある「有意確率」の値と5%の有意水準0.05を比較し、経過日数の要因が有意か有意でないかを判断します。

　　　有意確率の値が「0.05 以上」　→　有意ではない
　　　有意確率の値が「0.05 未満」　→　5%水準で有意

上の表では、経過日数の有意確率の値は0.001です。この値は0.05未満であるので、経過日数の主効果が5%水準で有意であると判断します。

経過日数の主効果が有意ということは、経過日数という要因が最高血圧に有意に効果を及ぼすこと、すなわち、経過日数によって最高血圧の値が変化することを意味しています。

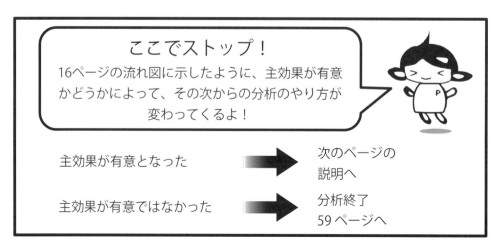

1要因被験者内分散分析を行ったところ、経過日数の主効果は有意となりました。ただし、この結果はいずれかの水準間（経過日数間）に最高血圧の差があることを示しているだけであり、どの水準間（経過日数間）に有意な差があるかについては何も示していません。15日後と30日後の間に差があるのかもしれませんし、30日後と45日後の間に差があるのかもしれません。あるいは、すべての経過日数の組み合わせの間に有意な差があるのかもしれません。そこで、どの水準間に有意な差があるかをみるために、多重比較検定を行います。

多重比較の結果は「推定周辺平均」の部分に示されています。

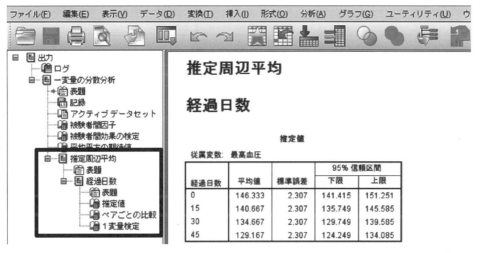

意外と知られていないんだけど、左のタイトルリストの中の項目をマウスでクリックすると、右の画面に、その項目の内容が表示されるんだよ！

「推定周辺平均」の中の「ペアごとの比較」の表に、多重比較の結果が示されています。一番左の列に、水準ごとの組み合わせが示されており、その右側に分析結果が示されています。

ペアごとの比較

従属変数: 最高血圧

(I) 経過日数	(J) 経過日数	平均値の差 (I-J)	標準誤差	有意確率[b]	
0	15	5.667	3.263	.618	→ 0日後と15日後の組み合わせの結果
	30	11.667*	3.263	.017	
	45	17.167*	3.263	.001	
15	0	-5.667	3.263	.618	
	30	6.000	3.263	.515	→ 15日後と30日後の組み合わせの結果
	45	11.500*	3.263	.018	

結果2　経過日数間の多重比較の検定結果

「推定周辺平均」の中の「ペアごとの比較」の表の右から3列目に、経過日数間の最高血圧の平均値の差に対応する有意確率が示されています。

（注）水準名が同じ組み合わせ（たとえば「15日後 − 30日後」と「30日後 − 15日後」）の場合には、同じ結果が示されています。

ペアごとの比較

従属変数: 最高血圧

(I) 経過日数	(J) 経過日数	平均値の差 (I-J)	標準誤差	有意確率[b]	95% 平均差信頼区間[b]	
					下限	上限
0	15	5.667	3.263	.618	-4.241	15.574
	30	11.667*	3.263	.017	1.759	21.574
	45	17.167*	3.263	.001	7.259	27.074
15	0	-5.667	3.263	.618	-15.574	4.241
	30	6.000	3.263	.515	-3.907	15.907
	45	11.500*	3.263	.018	1.593	21.407
30	0	-11.667*	3.263	.017	-21.574	-1.759
	15	-6.000	3.263	.515	-15.907	3.907
	45	5.500	3.263	.675	-4.407	15.407
45	0	-17.167*	3.263	.001	-27.074	-7.259
	15	-11.500*	3.263	.018	-21.407	-1.593
	30	-5.500	3.263	.675	-15.407	4.407

← ここを見る（有意確率[b]列）

これらの有意確率の値と、5%の有意水準0.05を比較し、経過日数間における最高血圧の平均値の差が有意か有意でないかを判断します。

　　　有意確率の値が「0.05 以上」　→　有意ではない
　　　有意確率の値が「0.05 未満」　→　5%水準で有意

「ペアごとの比較」の表において、6通りの経過日数の組み合わせのうち、有意確率の値が0.05未満であったのは3通りです。

　　0日後 − 15日後 の間の有意確率　0.618 > 0.05　→　有意ではない
　　0日後 − 30日後 の間の有意確率　**0.017 < 0.05**　→　**有意**
　　0日後 − 45日後 の間の有意確率　**0.001 < 0.05**　→　**有意**
　　15日後 − 30日後 の間の有意確率　0.515 > 0.05　→　有意ではない
　　15日後 − 45日後 の間の有意確率　**0.018 < 0.05**　→　**有意**
　　30日後 − 45日後 の間の有意確率　0.675 > 0.05　→　有意ではない

例題4　1要因被験者内分散分析　59

> 1要因被験者内分散分析の結果の書き方の例
>
> 　最高血圧について、経過日数を要因とする1要因被験者内分散分析を行ったところ、経過日数の主効果が有意であった [$F(3, 15) = 10.35, p < .01$]。経過日数間の最高血圧の差についてBonferroni法による多重比較を行ったところ、0日後と30日後の間、15日後と45日後の間に有意差が認められ（$p < .05$）、0日後と45日後の間にも有意差が認められた（$p < .01$）。しかし、0日後と15日後の間、15日後と30日後の間、30日後と45日後の間には有意差は認められなかった。

結果の数値の表記について

1要因被験者内分散分析の結果を書く際には、「被験者間効果の検定」の表から要因のF値と自由度、誤差の自由度を読み取ります。

被験者間効果の検定

従属変数：最高血圧

ソース		タイプIII 平方和	自由度	平均平方	F 値	有意確率
切片	仮説	455126.042	1	455126.042	678.137	.000
	誤差	3355.708	5	671.142ª		
被験者	仮説	3355.708	5	671.142	21.011	.000
	誤差	479.125	15	31.942ᵇ		
経過日数	仮説	992.125	3	330.708	10.354	.001
	誤差	479.125	15	31.942ᵇ		

（要因の自由度はここを見る → 3）
（誤差の自由度はここを見る → 15）
（F値はここを見る → 10.354）

結果の数値の表記のポイント

FやPなどの統計記号は斜体にする

要因（経過日数）の自由度 ↓
誤差の自由度 ↓
要因のF値 ↓
右の表のとおりに入れる ↓

→ $F(3, 15) = 10.35, p < .01$

- 5%水準で有意 → $p < .05$
- 1%水準で有意 → $p < .01$
- 0.1%水準で有意 → $p < .001$
- 有意ではない → ns

【参考】 1要因被験者内分散分析　分散分析表の作り方

論文やレポートなどに分散分析表を載せる場合は、SPSSの結果の表をそのまま転載するのではなく、「被験者間効果の検定」の表から必要な項目を読み取って、分散分析表を作成します。

被験者間効果の検定

従属変数: 最高血圧

ソース		タイプIII 平方和	自由度	平均平方	F 値	有意確率
切片	仮説	455126.042	1	455126.042	678.137	.000
	誤差	3355.708	5	671.142[a]		
被験者	仮説	3355.708	5	671.142	21.011	.000
	誤差	479.125	15	31.942[b]		
経過日数	仮説	992.125	3	330.708	10.354	.001
	誤差	479.125	15	31.942[b]		

[分散分析表のタイトルを書く]

要因	平方和	自由度	平均平方	F 値
被験者	被験者（仮説）のタイプIII平方和	被験者（仮説）の自由度		
〔要因名〕	要因（仮説）のタイプIII平方和	要因（仮説）の自由度	要因（仮説）の平均平方	要因（仮説）のF値
誤差	要因（誤差）のタイプIII平方和	要因（誤差）の自由度	要因（誤差）の平均平方	
全体	タイプIII平方和の合計	自由度の合計		

●分散分析表の具体例

（注1）被験者の項を2番目に並べる書き方もあります。

Table 2.4.2
経過日数を要因とする1要因被験者内分散分析表

要因	平方和	自由度	平均平方	F 値
被験者	3355.71	5		
経過日数	992.13	3	330.71	10.35 **
誤差	479.13	15	31.94	
全体	4826.97	23		

** $p < .01$

（注2）SPSSの結果の表では小数点の前のゼロが省略されているので、必要ならばそれを補って書く。

【参考】 多重比較の結果の表の作り方

論文やレポートなどに多重比較の結果の表を載せる場合は、「ペアごとの比較」の表をそのまま転載するのではなく、どの水準間で有意差が認められ、どの水準間で有意差が認められなかったのかを判断し、該当する箇所にその結果を記号で書き入れた表を作成します。

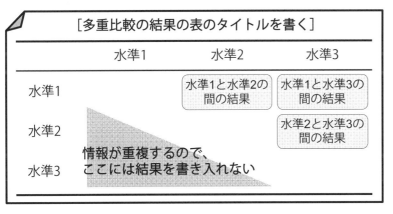

●多重比較の結果の表の具体例

Table 2.4.3

経過日数間の多重比較の結果

	0日後	15日後	30日後	45日後
0日後		ns	*	**
15日後			ns	*
30日後				ns
45日後				

* $p<.05$, ** $p<.01$, ns：有意差なし

2要因被験者間分散分析
～交互作用なし～

パーティーで提供する食事メニューを決めるために、「カレー」「グラタン」「ハンバーグ」の3種類の料理と「あきたこまち」「コシヒカリ」「ササニシキ」の3種類の銘柄の米を組み合わせた9種類の食事を用意した。この9種類の食事のそれぞれに、異なる被験者4名を割り当てて試食をしてもらった。そして食事がどの程度美味しかったかについて、1点から10点の数値で評価してもらった。その結果をTable 2.5.1に示す。数値が大きいほど、食事がより美味しく感じたことを意味する。パーティーでの提供に相応しい、美味しい食事メニューについて検討せよ。

Table 2.5.1
食事の評価値(点)

米の銘柄	料理の種類		
	カレー	グラタン	ハンバーグ
あきたこまち	8	9	9
	6	8	8
	5	7	7
	4	6	5
コシヒカリ	7	8	8
	6	7	10
	4	7	7
	4	5	5
ササニシキ	7	8	9
	6	9	10
	5	6	7
	4	6	5

日本でもっとも生産量が多いお米はコシヒカリなんだよ。

2.5.1 データの入力と設定

第1の要因である米の銘柄に3水準（あきたこまち、コシヒカリ、ササニシキ）、第2の要因である料理の種類3水準（カレー、グラタン、ハンバーグ）があり、これらを組み合わせた全9種類の食事を、それぞれ異なる被験者が評価しているので、このデータの分析には「2要因被験者間分散分析」を用います。

データは、下の左図のように、各要因とその水準ごとに縦に分けて並べます。Excelのデータファイルでは、下の右図のように、A列に第1の要因（米の銘柄）の各水準名を**全角文字**で、B列に第2の要因（料理の種類）の各水準名を**全角文字**で、C列に各被験者の食事の評価値を**半角数字**で入力します。

要因A	要因B	計測値
A水準1	B水準1	A1B1データ1
A水準1	B水準1	A1B1データ2
A水準1	B水準1	:
A水準1	B水準2	A1B2データ1
A水準1	B水準2	A1B2データ2
A水準1	B水準2	:
A水準1	B水準3	A1B3データ1
A水準1	B水準3	A1B3データ2
A水準1	B水準3	:
A水準2	B水準1	A2B1データ1
A水準2	B水準1	A2B1データ2
A水準2	B水準1	:

	A	B	C
1	米の銘柄	料理の種類	評価値
2	あきたこまち	カレー	8
3	あきたこまち	カレー	6
4	あきたこまち	カレ	5
5	あきたこまち	カレー	4
6	あきたこまち	グラタン	9
7	あきたこまち	グラタン	8
8	あきたこまち	グラタン	7
9	あきたこまち	グラタン	6
10	あきたこまち	ハンバーグ	9
11	あきたこまち	ハンバーグ	8
12	あきたこまち	ハンバーグ	7
13	あきたこまち	ハンバーグ	5
14	コシヒカリ	カレー	7
15	コシヒカリ	カレー	6
16	コシヒカリ	カレー	4
17	コシヒカリ	カレー	4
18	コシヒカリ	グラタン	8
19	コシヒカリ	グラタン	7

手順1 データビューの画面で、Excelファイルからデータを読み込みます。

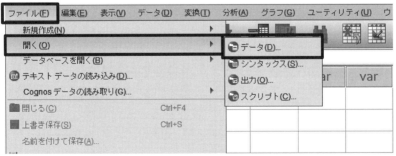

Excelファイルからのデータの読み込み方については、8ページの説明を見てね！

64 第2章 SPSSによる統計的検定の方法

ExcelのデータがSPSSに読み込まれると、データビューの画面に、2つの要因の各水準名、およびそのデータが表示されます。

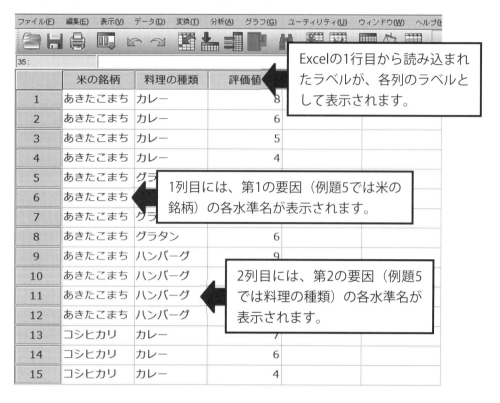

手順2 　変数ビューのタブを選ぶと、各要因およびデータの特性が表示されます。以下のように各項目を変更しましょう。

データの小数点以下の桁数を選択できます。例題5の評価値のデータは整数（小数点以下の桁数がゼロ）なので、［0］（ゼロ）とします。

尺度が不明となっている場合は、尺度の水準を選択します。
例題5では、米の銘柄と料理の種類の尺度を両方とも［名義］とします。評価値の尺度を［スケール］とします。

2.5.2 分析操作

変数とデータの入力が終わったら、データを分析するための操作を行います。

 上のメニューバーから、[分析]→[一般線型モデル]→[1変量]を選択します。

 「1変量」ウインドウで、各変数の設定を行います。

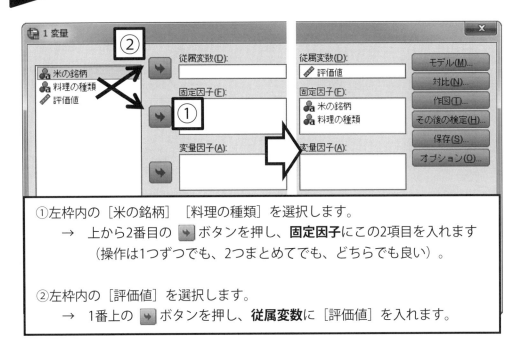

①左枠内の[米の銘柄][料理の種類]を選択します。
→ 上から2番目の ボタンを押し、**固定因子**にこの2項目を入れます（操作は1つずつでも、2つまとめてでも、どちらでも良い）。

②左枠内の[評価値]を選択します。
→ 1番上の ボタンを押し、**従属変数**に[評価値]を入れます。

変数の設定を終えたら、「1変量」ウインドウの右側にある［オプション］ボタンを押します。※ ver.25以降を使用している場合は巻末の変更点対応マニュアルpp.2〜4を参照。

［オプション］ボタンを押すと、「1変量：オプション」ウインドウが開きます。

手順3 「1変量：オプション」ウインドウで、以下の①〜③の手順によって多重比較の設定を行います。

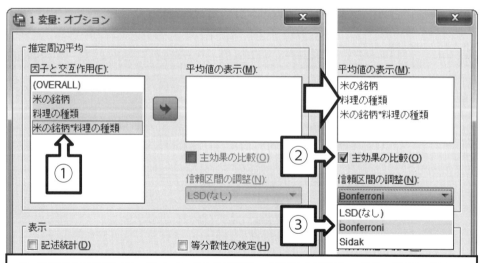

① 「因子と交互作用」枠内の［米の銘柄］［料理の種類］［米の銘柄 * 料理の種類］を選択し、➡ ボタンを押して、3項目すべてを「平均値の表示」枠に入れます（操作は1つずつでも、3つまとめてでも、どちらでもよい）。

② ［主効果の比較］にチェックを入れます。

③ 「信頼区間の調整」リストから［Bonferroni］を選択します。

例題5　2要因被験者間分散分析 〜交互作用なし〜

手順4　「1変量：オプション」ウインドウでは、分散分析以外の集計や検定を設定することも可能です。たとえば「表示」枠の中から［記述統計］にチェックを入れると、平均値や標準偏差の値が記載された「記述統計量」の表が出力に追加されます。
設定を終えたら、下の［続行］ボタンを押します。

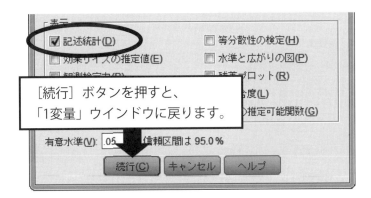

［続行］ボタンを押すと、「1変量」ウインドウに戻ります。

手順5　「1変量」ウインドウに戻ったら、下の5つのボタンのうち1番左の［OK］ボタンを押し、分析を実行します。

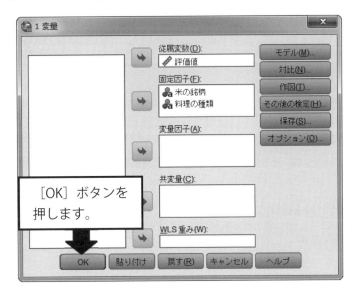

［OK］ボタンを押します。

なお、左から2番目の［貼り付け］ボタンを押すと、ここまでの設定内容が、シンタックス（テキスト形式のプログラム）として書き出されます。このシンタックスを、シンタックス・エディタで編集して、分析を実行することも可能です。

シンタックス・エディタでの2要因被験者間分散分析（交互作用なしの場合）のやり方は、206ページを見てね！

2.5.3 結果の読み取り

17ページの2要因分散分析の流れに沿って、出力された結果から、米の銘柄および料理の種類によって食事の評価値に差があるかどうかをみていきましょう。以下の「被験者間効果の検定」の表が、2要因被験者間分散分析の結果を示しています。

被験者間効果の検定

従属変数: 評価値

ソース	タイプIII 平方和	自由度	平均平方	F値	有意確率
修正モデル	29.722[a]	8	3.715	1.365	.256
切片	1626.778	1	1626.778	597.592	.000
米の銘柄	.889	2	.444	.163	.850
料理の種類	27.556	2	13.778	5.061	.014
米の銘柄 * 料理の種類	1.278	4	.319	.117	.975
誤差	73.500	27	2.722		
総和	1730.000	36			
修正総和	103.222	35			

> 17ページの流れ図に示したように、2要因分散分析では、2つの要因の交互作用が有意かどうかによって、その次からの分析のやり方が変わってくるよ！まず米の銘柄と料理の種類の交互作用の結果を確認しよう！

▶ 結果1　米の銘柄と料理の種類の交互作用の結果

ソース	タイプIII 平方和	自由度	平均平方	F値	有意確率
修正モデル	29.722[a]	8	3.715	1.365	.256
切片	1626.778	1	1626.778	597.592	.000
米の銘柄	.889	2	.444	.163	.850
料理の種類	27.556	2	13.778	5.061	.014
米の銘柄 * 料理の種類	1.278	4	.319	.117	**.975**

ここを見る

最初に、上の「被験者間効果の検定」の表において、米の銘柄と料理の種類の交互作用が有意であるかどうかを確認します。1番右の列の「有意確率」の値と5%の有意水準0.05とを比較し、交互作用が有意か有意でないかを判断します。

　　　有意確率の値が「0.05 以上」　→　有意ではない

　　　有意確率の値が「0.05 未満」　→　5%水準で有意

● <u>米の銘柄×料理の種類の交互作用</u>

　　「米の銘柄*料理の種類」の行の有意確率　0.975 > 0.05　→　有意ではない

ここでストップ！

17ページの流れ図に示したように、交互作用が有意かどうかによって、その次からの分析のやり方が変わってくるよ！

交互作用が有意となった	80ページへ
交互作用が有意ではなく、主効果が有意だった	このページの結果2へ
交互作用も主効果も有意ではなかった	分析終了 72ページへ

2要因被験者間分散分析をやってみたら交互作用が有意となった場合は、80ページに移動して、分析操作の手順5からやり直してね！

結果2　米の銘柄および料理の種類の主効果の結果

交互作用が有意ではなかったので、米の銘柄および料理の種類の主効果を確認します。「被験者間効果の検定」の表において、1番右の列の「有意確率」の値と有意水準0.05とを比較し、各主効果が有意か有意でないかを判断します。

ソース	タイプⅢ平方和	自由度	平均平方	F値	有意確率
修正モデル	29.722a	8	3.715	1.365	.256
切片	1626.778	1	1626.778	597.592	.000
米の銘柄	.889	2	.444	.163	.850
料理の種類	27.556	2	13.778	5.061	.014
米の銘柄 * 料理の種類	1.278	4	.319	.117	.975

ここを見る

●米の銘柄の主効果

「米の銘柄」の行の有意確率　0.850 > 0.05　→　有意ではない

●料理の種類の主効果

「料理の種類」の行の有意確率　**0.014 < 0.05**　→　**有意**

以上の結果より、料理の種類の主効果のみが5%水準で有意であると判断します。料理の種類の主効果が有意とは、料理の種類という要因が食事の評価値に効果を及ぼす、すなわち料理の種類によって食事の評価値が変化することを意味しています。

2要因被験者間分散分析を行ったところ、料理の種類の主効果が有意となりました。すなわち、カレー、グラタン、ハンバーグという料理の違いによって、食事の評価値が変化することが統計的に示されました。ただし、この結果はいずれかの水準間（料理の種類間）に評価値の差があることを示しているだけであり、どの水準間に有意な差があるかについては何も示していません。カレーとグラタンの間に差があるのかもしれませんし、グラタンとハンバーグの間に差があるのかもしれません。あるいは、すべての料理の組み合わせの間に有意な差があるのかもしれません。そこで、どの水準間に有意な差があるかをみるために、多重比較検定を行います。

多重比較の結果は、「推定周辺平均」の部分に示されています。「1. 米の銘柄」「2. 料理の種類」と、2つの要因の多重比較の結果が分かれて出力されます。

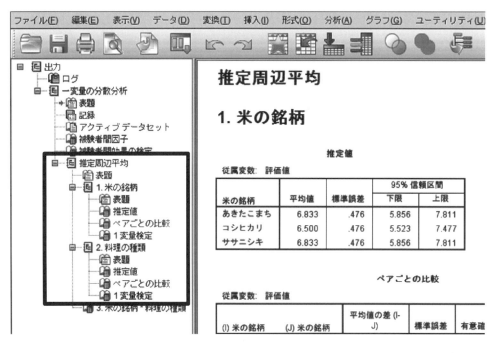

意外と知られていないんだけど、左のタイトルリストの中の項目をマウスでクリックすると、右の画面に、その項目の内容が表示されるんだよ！

2要因被験者間分散分析で主効果が有意となったのは第2の要因の「料理の種類」なので、「2. 料理の種類」の項を見て、多重比較の結果を確認します。

例題5　2要因被験者間分散分析 〜交互作用なし〜　71

結果3　料理の種類間の多重比較の結果

「2. 料理の種類」の出力の中の「ペアごとの比較」の表の右から3列目に、料理の種類間の評価値の平均値の差に対応する有意確率が示されています。

（注）水準名が同じ組み合わせ（たとえば「グラタン － ハンバーグ」と「ハンバーグ － グラタン」の場合）には、同じ結果が示されています。

ペアごとの比較

従属変数: 評価値

(I) 料理の種類	(J) 料理の種類	平均値の差 (I-J)	標準誤差	有意確率[b]	95% 平均差信頼区間[b]	
					下限	上限
カレー	グラタン	-1.667	.674	.060	-3.386	.053
	ハンバーグ	-2.000*	.674	.019	-3.719	-.281
グラタン	カレー	1.667	.674	.060	-.053	3.386
	ハンバーグ	-.333	.674	1.000	-2.053	1.386
ハンバーグ	カレー	2.000*	.674	.019	.281	3.719
	グラタン	.333	.674	1.000	-1.386	2.053

←ここを見る

これらの有意確率の値を、5%の有意水準0.05と比較し、料理の種類間における評価値の平均値の差が有意か有意でないかを判断します。

　　有意確率の値が「0.05 以上」 → 有意ではない
　　有意確率の値が「0.05 未満」 → 5%水準で有意

「ペアごとの比較」の表において、3通りの料理の組み合わせのうち、カレーとハンバーグの間で有意確率の値が0.05未満であるので、5%水準で有意と判断します。すなわち、カレーとハンバーグの評価値の間には有意な差があることが認められました。

　　カレー － グラタン　　間の有意確率　0.060 > 0.05　→　有意ではない
　　カレー － ハンバーグ　間の有意確率　**0.019 < 0.05**　→　**有意**
　　グラタン － ハンバーグ 間の有意確率　1.000 > 0.05　→　有意ではない

このテキストでは「Bonferroni法」という多重比較法で検定を行ったけど、SPSSでは他の多重比較法も選べるよ。選んだ方法によって多重比較の結果も変わってくるよ！

2要因被験者間分散分析の結果の書き方の例

食事の評価値について、米の銘柄および料理の種類を要因とする2要因被験者間分散分析を行ったところ、米の銘柄と料理の種類の交互作用は有意ではなかった [$F(4, 27) = 0.12$, ns]。また、米の銘柄の主効果も有意ではなかった [$F(2, 27) = 0.16$, ns]。一方、料理の種類の主効果が有意であった [$F(2, 27) = 5.06$, $p < .05$]。料理の種類間の評価値の差についてBonferroni法による多重比較を行ったところ、カレーとハンバーグの評価値の間に有意差が認められた（$p < .05$）。しかし、カレーとグラタン、グラタンとハンバーグの評価値の間には有意差は認められなかった。

結果の数値の表記について

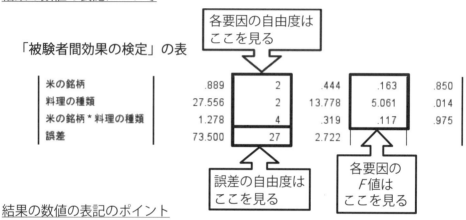

結果の数値の表記のポイント

● 交互作用

$$F(4, 27) = 0.12, ns$$

（米の銘柄*料理の種類の自由度／誤差の自由度／米の銘柄*料理の種類の F値／下の表のとおりに入れる）

- 5%水準で有意 → $p < .05$
- 1%水準で有意 → $p < .01$
- 0.1%水準で有意 → $p < .001$
- 有意ではない → ns

● 米の銘柄の主効果

$$F(2, 27) = 0.16, ns$$

（米の銘柄の自由度／誤差の自由度／米の銘柄のF値）

● 料理の種類の主効果

$$F(2, 27) = 5.06, p < .05$$

（料理の種類の自由度／誤差の自由度／料理の種類のF値）

← Fやpなどの統計記号は斜体にする

【参考】 2要因被験者間分散分析　分散分析表の作り方

論文やレポートなどに分散分析表を載せる場合は、SPSSの結果の表をそのまま転載するのではなく、「被験者間効果の検定」の表から必要な項目を読み取って、分散分析表を作成します。

ソース	タイプIII平方和	自由度	平均平方	F値	有意確率
修正モデル	29.722a	8	3.715	1.365	.256
切片	1626.778	1	1626.778	597.592	.000
米の銘柄	.889	2	.444	.163	.850
料理の種類	27.556	2	13.778	5.061	.014
米の銘柄 * 料理の種類	1.278	4	.319	.117	.975
誤差	73.500	27	2.722		
総和	1730.000	36			
修正総和	103.222	35			

[分散分析表のタイトルを書く]

要因	平方和	自由度	平均平方	F値
〔要因1の名称〕	要因1のタイプIII平方和	要因1の自由度	要因1の平均平方	要因1のF値
〔要因2の名称〕	要因2のタイプIII平方和	要因2の自由度	要因2の平均平方	要因2のF値
〔要因1の名称×要因2の名称〕	要因1×要因2のタイプIII平方和	要因1×要因2の自由度	要因1×要因2の平均平方	要因1×要因2のF値
誤差	誤差のタイプIII平方和	誤差の自由度	誤差の平均平方	
全体	修正総和のタイプIII平方和	修正総和の自由度		

●分散分析表の具体例

Table 2.5.2
米の銘柄と料理の種類を要因とする2要因被験者間分散分析表

要因	平方和	自由度	平均平方	F値
米の銘柄	0.89	2	0.44	0.16
料理の種類	27.56	2	13.78	5.06 *
米の銘柄 × 料理の種類	1.28	4	0.32	0.12
誤差	73.50	27	2.72	
全体	103.22	35		

$* p < .05$

（注）SPSSの結果の表では小数点の前のゼロが省略されているので、それを補って書く。

【参考】 多重比較の結果の表の作り方

論文やレポートなどに多重比較の結果の表を載せる場合は、「ペアごとの比較」の表をそのまま転載するのではなく、どの水準間で有意差が認められ、どの水準間で有意差が認められなかったのかを判断し、該当する箇所にその結果を記号で書き入れた表を作成します。

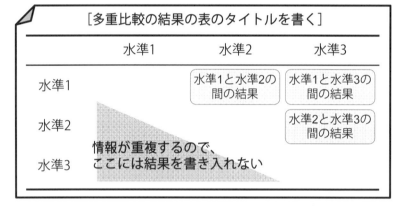

●多重比較の結果の表の具体例

Table 2.5.3
料理の種類間の多重比較の結果

	カレー	グラタン	ハンバーグ
カレー		ns	*
グラタン			ns
ハンバーグ			

$* p < .05$, ns：有意差なし

２要因被験者間分散分析
～交互作用あり～

ある市内の少年野球チームについて調査を行った。監督の指導方法は、技術面を重視するタイプと精神面を重視するタイプの2タイプであった。また、1日あたりの練習量は1時間、2時間、3時間の3種類であった。すなわち、全部で6つのタイプのチームがあった。各タイプにつき5チームずつ、全30チームについて調べた、試合の得点をTable 2.6.1に示す。監督タイプおよび練習量とチームの得点との関係について検討せよ。

Table 2.6.1
各チームの得点（点）

監督タイプ	練習量（時間）		
	1	2	3
技術面重視	10	14	26
	9	11	19
	5	9	20
	6	9	20
	9	13	20
精神面重視	13	13	11
	7	16	13
	10	11	15
	10	9	9
	8	13	14

この「得点」は、何試合かの得点の合計の点数だと思ってね。

2.6.1 データの入力と設定

第1の要因である監督タイプに2水準（技術面重視、精神面重視）、第2の要因である練習量に3水準（1時間、2時間、3時間）があり、各チームはこれらを組み合わせた全6タイプのいずれか1タイプの特徴のみをもつので、このデータの分析には「2要因被験者間分散分析」を用います。

データは、下の左図のように、各要因とその水準ごとに縦に分けて並べます。Excelのデータファイルでは、下の右図のように、A列に第1の要因（監督タイプ）の各水準名を**全角文字**で、B列に第2の要因（練習量）の各水準名を**半角数字**で、C列に各チームの得点を**半角数字**で入力します。

要因A	要因B	計測値
A水準1	B水準1	A1B1 データ 1
A水準1	B水準1	A1B1 データ 2
A水準1	B水準1	:
A水準1	B水準2	A1B2 データ 1
A水準1	B水準2	A1B2 データ 2
A水準1	B水準2	:
A水準1	B水準3	A1B3 データ 1
A水準1	B水準3	A1B3 データ 2
A水準1	B水準3	:
A水準2	B水準1	A2B1 データ 1
:	:	:

	A	B	C
1	監督タイプ	練習量	得点
2	技術面重視	1	10
3	技術面重視	1	9
4	技術面重視	1	5
5	技術面重視	1	6
6	技術面重視	1	9
7	技術面重視	2	14
8	技術面重視	2	11
9	技術面重視	2	9
10	技術面重視	2	9
11	技術面重視	2	13
12	技術面重視	3	26
13	技術面重視	3	19
14	技術面重視	3	20
15	技術面重視	3	20
16	技術面重視	3	20
17	精神面重視	1	13
18	精神面重視	1	7
19	精神面重視	1	10

手順1 データビューの画面で、Excelファイルからデータを読み込みます。

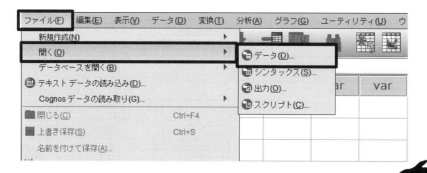

Excelファイルからのデータの読み込み方については、8ページの説明を見てね！

例題6　2要因被験者間分散分析 〜交互作用あり〜

ExcelのデータがSPSSに読み込まれると、データビューの画面に、2つの要因の各水準名、およびそのデータが表示されます。

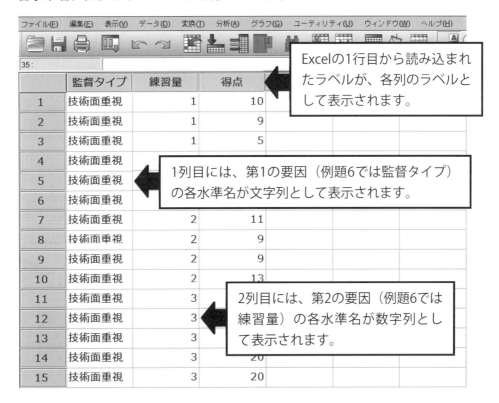

　変数ビューのタブを選ぶと、各要因およびデータの特性が表示されます。以下のように各項目を変更しましょう。

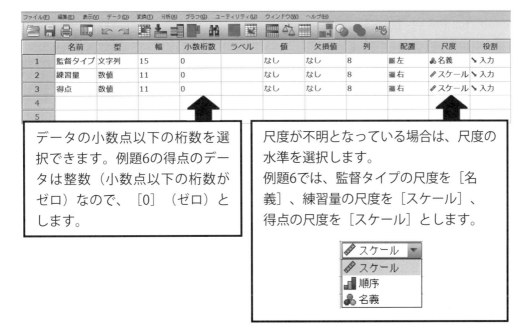

2.6.2 分析操作

変数とデータの入力が終わったら、データを分析するための操作を行います。

手順1 上のメニューバーから、[分析]→[一般線型モデル]→[1変量]を選択します。

手順2 「1変量」ウインドウで、各変数の設定を行います。

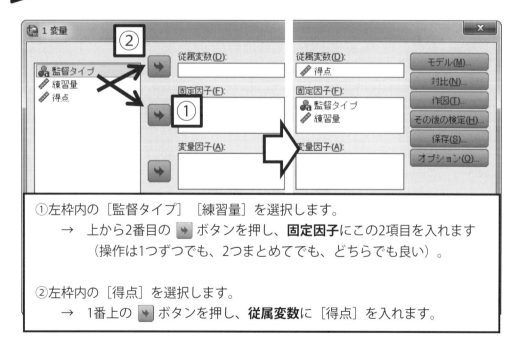

①左枠内の[監督タイプ][練習量]を選択します。
　→ 上から2番目の ➡ ボタンを押し、**固定因子**にこの2項目を入れます（操作は1つずつでも、2つまとめてでも、どちらでも良い）。

②左枠内の[得点]を選択します。
　→ 1番上の ➡ ボタンを押し、**従属変数**に[得点]を入れます。

変数の設定を終えたら、「1変量」ウインドウの右側にある［オプション］ボタンを押します。※ ver.25以降を使用している場合は巻末の変更点対応マニュアルpp.2〜4を参照。

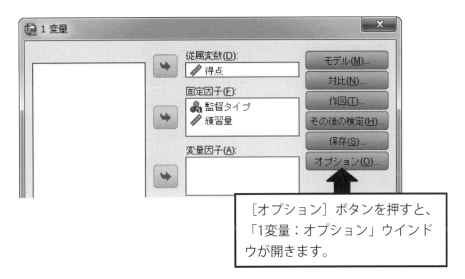

［オプション］ボタンを押すと、「1変量：オプション」ウインドウが開きます。

手順3　「1変量：オプション」ウインドウで、以下の①〜③の手順によって多重比較の設定を行います。

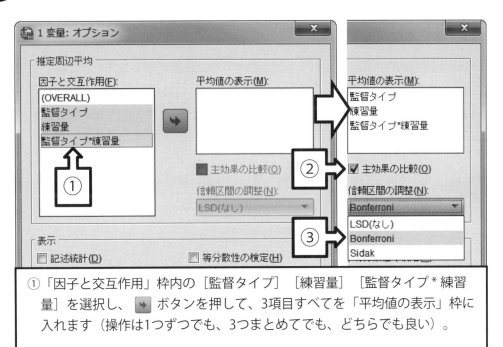

① 「因子と交互作用」枠内の［監督タイプ］［練習量］［監督タイプ＊練習量］を選択し、→ ボタンを押して、3項目すべてを「平均値の表示」枠に入れます（操作は1つずつでも、3つまとめてでも、どちらでも良い）。

②［主効果の比較］にチェックを入れます。

③「信頼区間の調整」リストから［Bonferroni］を選択します。

「1変量：オプション」ウインドウでは、分散分析以外の集計や検定を設定することも可能です。たとえば「表示」枠の中から［記述統計］にチェックを入れると、平均値や標準偏差の値が記載された「記述統計量」の表が出力に追加されます。
設定を終えたら、下の［続行］ボタンを押します。

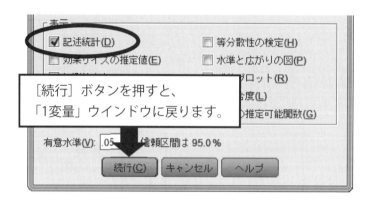

 69 ページから移動してきた場合、すなわち2要因被験者間分散分析を行った結果、交互作用が有意になった場合は、以下の手順5からやり直してください（手順4までは同じ）。

SPSSでは、単純主効果の検定という下位検定を、画面上のマウス操作だけでは正しく実行できません。そこで、シンタックス・エディタを使ってシンタックス（テキスト形式のプログラム）の命令を書き換えて、単純主効果の検定を実行します。

「1変量」ウインドウに戻ったら、下の［貼り付け］ボタンを押し、シンタックス・エディタを起動します。

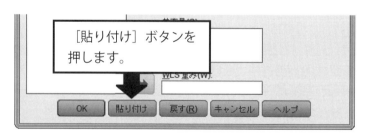

シンタックス・エディタでの2要因被験者間分散分析（交互作用ありの場合）のやり方は、207 ページを見てね！

例題6　2要因被験者間分散分析 ～交互作用あり～　81

手順6　交互作用に関するシンタックス（下図では8行目）を、単純主効果の検定を行う命令（囲みの2行）に書き換えます。

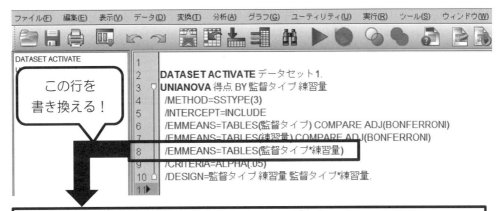

上の行は、**練習量ごとに分けて、監督タイプ間のチームの得点を比較する**命令だよ。
下の行は、**監督タイプごとに分けて、練習量間のチームの得点を比較する**命令だよ。

書き換えたら、シンタックス・エディタのメニューから［実行］→［すべて］を選択し、シンタックスを実行します。

2.6.3 結果の読み取り

17ページの2要因分散分析の流れに沿って、出力された結果から、監督タイプおよび練習量によってチームの得点に差があるかどうかをみていきましょう。以下の「被験者間効果の検定」の表が、2要因被験者間分散分析の結果を示しています。

被験者間効果の検定

従属変数: 得点

ソース	タイプIII 平方和	自由度	平均平方	F値	有意確率
修正モデル	522.000a	5	104.400	17.497	.000
切片	4612.800	1	4612.800	773.095	.000
監督タイプ	26.133	1	26.133	4.380	.047
練習量	325.400	2	162.700	27.268	.000
監督タイプ*練習量	170.467	2	85.233	14.285	.000
誤差	143.200	24	5.967		
総和	5278.000	30			
修正総和	665.200	29			

> 17ページの流れ図に示したように、2要因分散分析では、2つの要因の交互作用が有意かどうかによって、その次からの分析のやり方が変わってくるよ！まず監督タイプと練習量の交互作用の結果を確認しよう！

▶結果1　監督タイプと練習量の交互作用の結果

ソース	タイプIII 平方和	自由度	平均平方	F値	有意確率
修正モデル	522.000a	5	104.400	17.497	.000
切片	4612.800	1	4612.800	773.095	.000
監督タイプ	26.133	1	26.133	4.380	.047
練習量	325.400	2	162.700	27.268	.000
監督タイプ*練習量	170.467	2	85.233	14.285	**.000**

ここを見る

最初に、上の「被験者間効果の検定」の表において、監督タイプと練習量の交互作用が有意であるかどうかを確認します。1番右の列の「有意確率」の値と5%の有意水準0.05とを比較し、交互作用が有意か有意でないかを判断します。

　　　　有意確率の値が「0.05 以上」　→　有意ではない

　　　　有意確率の値が「0.05 未満」　→　5%水準で有意

● 監督タイプ×練習量の交互作用

　「監督タイプ*練習量」の行の有意確率　**0.000 < 0.05**　→　**有意**

以上の結果より、監督タイプと練習量の交互作用が5%水準で有意と判断します。

例題6　2要因被験者間分散分析 〜交互作用あり〜

ここでストップ！
17ページの流れ図に示したように、交互作用が有意かどうかによって、その次からの分析のやり方が変わってくるよ！

交互作用が有意となった		次のページの説明へ
交互作用が有意ではなく、主効果が有意だった		69ページへ
交互作用も主効果も有意ではなかった		分析終了 87ページへ

（例題6とは異なるデータに対して）2要因被験者間分散分析を行ったら、交互作用が有意にはならなかったんだ……

主効果は有意になったの？

○○の主効果が有意だったよ。

2要因被験者間分散分析の結果、交互作用が有意ではなくても、主効果が有意ならば、ここまでの手順は無駄にはならないよ！69ページに移動して、それ以降に書かれている、多重比較の説明に従って分析を進めてね！

ここからは、2要因被験者間分散分析の結果、
交互作用が有意になった場合の、
単純主効果の検定のやり方について説明していくよ！

監督タイプと練習量の交互作用が有意であったので、「被験者間効果の検定」表の、監督タイプの主効果ならびに練習量の主効果の検定結果を採用せずに、単純主効果の検定を行います。

単純主効果の検定の結果は、「推定周辺平均」の部分に出力されます。すなわち、以下の図の「3. 監督タイプ＊練習量」と「4. 監督タイプ＊練習量」の2ヵ所に出力されます。両者は同じタイトルで表示されます。しかし、検定の対象は異なることに注意してください。なお、3と4が逆順に出力されることもあります。

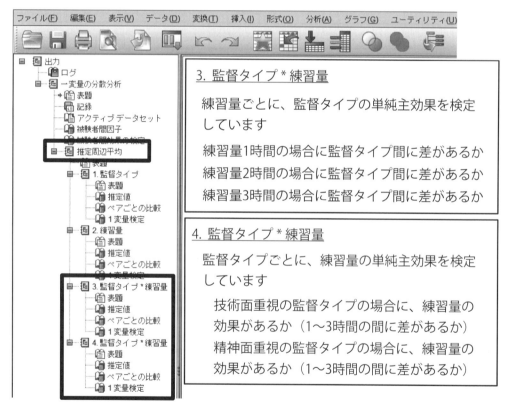

3. 監督タイプ＊練習量

練習量ごとに、監督タイプの単純主効果を検定しています

練習量1時間の場合に監督タイプ間に差があるか
練習量2時間の場合に監督タイプ間に差があるか
練習量3時間の場合に監督タイプ間に差があるか

4. 監督タイプ＊練習量

監督タイプごとに、練習量の単純主効果を検定しています

技術面重視の監督タイプの場合に、練習量の効果があるか（1～3時間の間に差があるか）
精神面重視の監督タイプの場合に、練習量の効果があるか（1～3時間の間に差があるか）

なお「推定周辺平均」には、「1. 監督タイプ」と「2. 練習量」という、各要因の水準間の多重比較の結果も出力されています。しかし、2要因被験者間分散分析で交互作用が有意であった場合には、これらを結果として採用しません。

意外と知られていないんだけど、左のタイトルリストの中の項目をマウスでクリックすると、右の画面に、その項目の内容が表示されるんだよ！

例題6　2要因被験者間分散分析 〜交互作用あり〜　85

結果2　「3. 監督タイプ * 練習量」の出力の中の「1変量検定」（下の表）に、練習量ごとに分けた場合の、監督タイプの単純主効果の有意確率が示されています。

1変量検定

従属変数：得点

練習量		平方和	自由度	平均平方	F値	有意確率
1	対比	8.100	1	8.100	1.358	.255
	誤差	143.200	24	5.967		
2	対比	3.600	1	3.600	.603	.445
	誤差	143.200	24	5.967		
3	対比	184.900	1	184.900	30.989	.000
	誤差	143.200	24	5.967		

→ ここを見る

表の1番右の列にある「有意確率」の値と有意水準0.05とを比較し、各練習量における監督タイプの単純主効果（すなわち技術力重視タイプと精神力重視タイプのチームの間の得点の差）が、統計的に有意か有意でないかを判断します。

　　　有意確率の値が「0.05以上」　→　有意ではない
　　　有意確率の値が「0.05未満」　→　5%水準で有意

上の「1変量検定」の表では、練習量3時間の場合のみ、有意確率の値が0.05未満です。よって、練習量3時間における監督タイプの単純主効果が5%水準で有意であると判断します。

　練習量1時間での監督タイプ間の有意確率　0.255 > 0.05　→　有意ではない
　練習量2時間での監督タイプ間の有意確率　0.445 > 0.05　→　有意ではない
　練習量3時間での監督タイプ間の有意確率　**0.000 < 0.05**　→　**有意**

なお、この例題6のように、監督タイプの要因の単純主効果が有意であり、かつその要因が2水準である場合には、水準間の多重比較検定をする必要はありません。なぜならば、単純主効果検定の結果自体が、その要因の2つの水準間に差があることを意味しているからです。実際に多重比較の結果（以下の「ペアごとの比較」の表）を見ても、練習量3時間の場合のみで有意となっています。

ペアごとの比較

従属変数：得点

練習量	(I) 監督タイプ	(J) 監督タイプ	平均値の差 (I-J)	標準誤差	有意確率[b]	95% 平均差信頼区間[b]	
						下限	上限
1	技術面重視	精神面重視	-1.800	1.545	.255	-4.988	1.388
	精神面重視	技術面重視	1.800	1.545	.255	-1.388	4.988
2	技術面重視	精神面重視	-1.200	1.545	.445	-4.388	1.988
	精神面重視	技術面重視	1.200	1.545	.445	-1.988	4.388
3	技術面重視	精神面重視	8.600*	1.545	.000	5.412	11.788
	精神面重視	技術面重視	-8.600*	1.545	.000	-11.788	-5.412

→ ここを見る

「4. 監督タイプ * 練習量」の出力の中の「1変量検定」（下の表）に、監督タイプごとに分けた場合の、練習量の単純主効果の有意確率が示されています。

1変量検定

従属変数: 得点

監督タイプ		平方和	自由度	平均平方	F値	有意確率
技術面重視	対比	469.733	2	234.867	39.363	.000
	誤差	143.200	24	5.967		
精神面重視	対比	26.133	2	13.067	2.190	.134
	誤差	143.200	24	5.967		

←ここを見る

表の1番右の列にある「有意確率」の値と有意水準0.05とを比較し、各監督タイプにおける練習量間の得点の差が有意か有意でないかを判断します。

上の「1変量検定」の表では、監督タイプが技術面重視の場合の有意確率の値が0.05未満です。よって、技術面重視タイプにおける練習量の単純主効果は5%水準で有意であると判断します。

技術面重視タイプでの練習量間の有意確率　0.000 < 0.05　→　有意

精神面重視タイプでの練習量間の有意確率　0.134 > 0.05　→　有意ではない

以上の単純主効果の検定から、技術面重視タイプの場合に練習量の効果が有意となったので、さらに多重比較を行って、どの練習量の間に有意な差があるのかを調べます。多重比較の結果は、以下の「ペアごとの比較」の表に示されています。

ペアごとの比較

従属変数: 得点

監督タイプ	(I) 練習量	(J) 練習量	平均値の差 (I-J)	標準誤差	有意確率[b]	95% 平均差信頼区間[b]	
						下限	上限
技術面重視	1	2	-3.400	1.545	.113	-7.376	.576
		3	-13.200*	1.545	.000	-17.176	-9.224
	2	1	3.400	1.545	.113	-.576	7.376
		3	-9.800*	1.545	.000	-13.776	-5.824
	3	1	13.200*	1.545	.000	9.224	17.176
		2	9.800*	1.545	.000	5.824	13.776
精神面重視	1	2	-2.800	1.545	.247	-6.776	1.176
		3	-2.800	1.545	.247	-6.776	1.176
	2		2.800	1.545	.247	-1.176	6.776
				1.545	1.000	-3.976	3.976
	3			1.545	.247	-1.176	6.776
			-5E-14	1.545	1.000	-3.976	3.976

ここを見る

精神面重視タイプにおける練習量の単純主効果が有意ではなかったので、この部分は無視する

「ペアごとの比較」の表を見ると、技術面重視の欄の練習量が「1時間－3時間」の間および「2時間－3時間」の間において有意確率の値が0.05未満であるので、5%水準で有意と判断します。

2要因被験者間分散分析の結果の書き方の例

チームの得点に関して、監督タイプおよび練習量を要因とする2要因被験者間分散分析を行ったところ、監督タイプと練習量の交互作用が有意であった [$F(2, 24) = 14.29, p < .001$]。そこで、練習量の要因の各水準において単純主効果検定を行ったところ、練習量3時間条件で監督タイプの単純主効果が有意であった [$F(1, 24) = 30.99, p < .001$]。しかし、練習量1時間条件と2時間条件では監督タイプの単純主効果は有意ではなかった [1時間：$F(1, 24) = 1.36, ns$, 2時間：$F(1, 24) = 0.60, ns$]。（以下略）

結果の数値の表記について

「被験者間効果の検定」の表

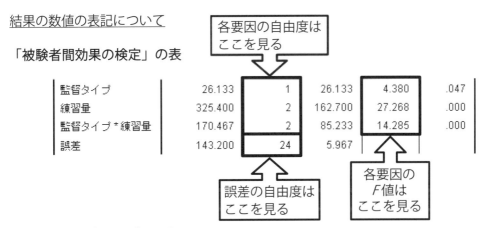

結果の数値の表記のポイント

● <u>交互作用</u>

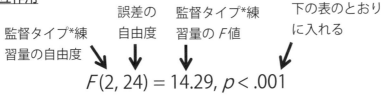

$$F(2, 24) = 14.29, p < .001$$

- 5%水準で有意 → $p < .05$
- 1%水準で有意 → $p < .01$
- 0.1%水準で有意 → $p < .001$
- 有意ではない → ns

● <u>監督タイプの主効果</u>

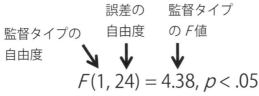

$$F(1, 24) = 4.38, p < .05$$

● <u>練習量の主効果</u>

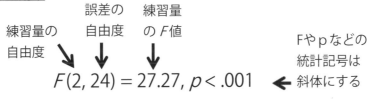

$$F(2, 24) = 27.27, p < .001$$

Fやpなどの統計記号は斜体にする

【参考】 2要因被験者間分散分析　分散分析表の作り方

論文やレポートなどに分散分析表を載せる場合は、SPSSの結果の表をそのまま転載するのではなく、「被験者間効果の検定」の表から必要な項目を読み取って、分散分析表を作成します。

ソース	タイプⅢ平方和	自由度	平均平方	F値	有意確率
修正モデル	522.000[a]	5	104.400	17.497	.000
切片	4612.800	1	4612.800	773.095	.000
監督タイプ	26.133	1	26.133	4.380	.047
練習量	325.400	2	162.700	27.268	.000
監督タイプ*練習量	170.467	2	85.233	14.285	.000
誤差	143.200	24	5.967		
総和	5278.000	30			
修正総和	665.200	29			

[分散分析表のタイトルを書く]

要因	平方和	自由度	平均平方	F値
〔要因1の名称〕	要因1のタイプⅢ平方和	要因1の自由度	要因1の平均平方	要因1のF値
〔要因2の名称〕	要因2のタイプⅢ平方和	要因2の自由度	要因2の平均平方	要因2のF値
〔要因1の名称×要因2の名称〕	要因1×要因2のタイプⅢ平方和	要因1×要因2の自由度	要因1×要因2の平均平方	要因1×要因2のF値
誤差	誤差のタイプⅢ平方和	誤差の自由度	誤差の平均平方	
全体	修正総和のタイプⅢ平方和	修正総和の自由度		

●分散分析表の具体例

Table 2.6.2
監督タイプおよび練習量を要因とする2要因被験者間分散分析表

要因	平方和	自由度	平均平方	F値
監督タイプ	26.13	1	26.13	4.38 *
練習量	325.40	2	162.70	27.27 ***
監督タイプ × 練習量	170.47	2	85.23	14.29 ***
誤差	143.20	24	5.97	
全体	665.20	29		

$* \ p < .05, \ *** \ p < .001$

【参考】 多重比較の結果の表の作り方

論文やレポートなどに多重比較の結果の表を載せる場合は、「ペアごとの比較」の表をそのまま転載するのではなく、どの水準間で有意差が認められ、どの水準間で有意差が認められなかったのかを判断し、該当する箇所にその結果を記号で書き入れた表を作成します。

ペアごとの比較

従属変数: 得点

監督タイプ	(I)練習量	(J)練習量	平均値の差 (I-J)	標準誤差	有意確率[b]	下限	上限
技術面重視	1	2	-3.400	1.545	.113	-7.376	.576
		3	-13.200*	1.545	.000	-17.176	-9.224
	2	1	3.400	1.545	.113	-.576	7.376
		3	-9.800*	1.545	.000	-13.776	-5.824
	3	1	13.200*	1.545	.000	9.224	17.176
		2	9.800*	1.545	.000	5.824	13.776

ここを読み取り、有意差の有無を記号で結果の表に入れる

[多重比較の結果の表のタイトルを書く]

	水準1	水準2	水準3
水準1		水準1と水準2の間の結果	水準1と水準3の間の結果
水準2			水準2と水準3の間の結果
水準3			

情報が重複するので、ここには結果を書き入れない

有意差あり:
* （5%水準）
** （1%水準）
*** （0.1%水準）

有意差なし:
ns

●多重比較の結果の表の具体例

Table 2.6.3
技術面重視監督タイプにおける練習量の間の多重比較の結果

	1時間	2時間	3時間
1時間		ns	***
2時間			***
3時間			

*** $p < .001$, ns: 有意差なし

2要因被験者内分散分析
～交互作用なし～

あるコーヒー会社が新製品の缶コーヒーを開発中である。缶コーヒーに入れるミルクと砂糖の量を、多くの人に好まれるように調合したい。ミルクの量は5 ml、20 ml、砂糖の量は5 g、10 g、30 gを組み合わせた計6種類の缶コーヒーを試作し、被験者5名にすべての缶コーヒーを試飲してもらった。ただし、試飲の間隔は十分にあけ、試飲の順番は被験者ごとにランダムとした。各缶コーヒーを試飲してもらった後に、その缶コーヒーがどの程度美味しかったかについて、1点から10点の数値で評価してもらった。その結果をTable 2.7.1に示す。表中の数値が高いほど、その缶コーヒーをより美味しく感じたことを意味する。新製品の販売に向け、ミルクと砂糖の量をどのように調合するべきか検討せよ。

Table 2.7.1
缶コーヒーの評価値（点）

被験者	ミルクの量 (ml)	砂糖の量 (g)		
		5	10	30
Oさん	5	6	7	8
Pさん		4	6	7
Qさん		4	6	6
Rさん		3	5	5
Sさん		2	3	4
Oさん	20	8	10	7
Pさん		7	8	9
Qさん		6	6	9
Rさん		5	7	10
Sさん		5	8	6

コーヒーの甘味を調整するときにはミルクと砂糖を使うみたいだね。

2.7.1 データの入力と設定

第1の要因であるミルクの量2水準（5 ml、20 ml）と、第2の要因である砂糖の量3水準（5 g、10 g、30 g）とを組み合わせた全6種類の缶コーヒーの美味しさを各被験者が評価しているので、このデータの分析には「2要因被験者内分散分析」を用います。

データは、下の左図のように、被験者、各要因とその水準ごとに縦に分けて並べます。Excelのデータファイルでは、下の右図のように、A列に被験者名を**全角文字**で、B列に第1の要因（ミルクの量）の各水準名、C列に第2の要因（砂糖の量）の各水準名、D列に各缶コーヒーの評価値を、それぞれ**半角数字**で入力します。

被験者	要因A	要因B	計測値
Oさん	A水準1	B水準1	Oさん A1B1 データ
Oさん	A水準1	B水準2	Oさん A1B2 データ
Oさん	A水準1	B水準3	Oさん A1B3 データ
Oさん	A水準2	B水準1	Oさん A2B1 データ
Oさん	A水準2	B水準2	Oさん A2B2 データ
Oさん	A水準2	B水準3	Oさん A2B3 データ
Pさん	A水準1	B水準1	Pさん A1B1 データ
Pさん	A水準1	B水準2	Pさん A1B2 データ
Pさん	A水準1	B水準3	Pさん A1B3 データ
:	:	:	:

	A	B	C	D
1	被験者	ミルクの量	砂糖の量	評価値
2	Oさん	5	5	6
3	Oさん	5	10	7
4	Oさん	5	30	8
5	Oさん	20	5	8
6	Oさん	20	10	10
7	Oさん	20	30	7
8	Pさん	5	5	4
9	Pさん	5	10	6
10	Pさん	5	30	7
11	Pさん	20	5	7
12	Pさん	20	10	8
13	Pさん	20	30	9
14	Qさん	5	5	4
15	Qさん	5	10	6
16	Qさん	5	30	6
17	Qさん	20	5	6
18	Qさん	20	10	6
19	Qさん	20	30	9

手順1 データビューの画面で、Excelファイルからデータを読み込みます。

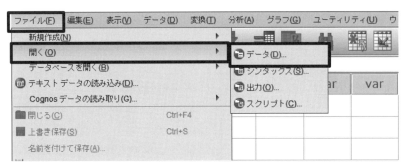

Excelファイルからのデータの読み込み方については、8ページの説明を見てね！

ExcelのデータがSPSSに読み込まれると、データビューの画面に被験者と2つの要因の各水準名、およびそのデータが表示されます。

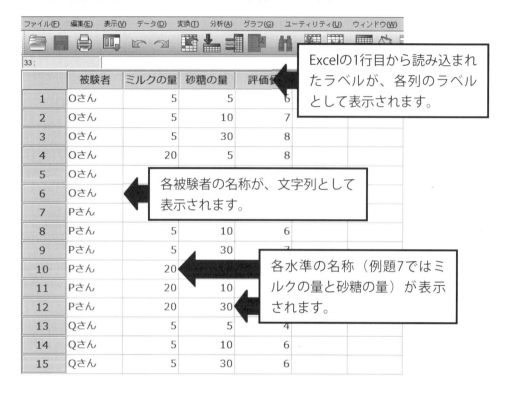

手順2 変数ビューのタブを選ぶと、各要因およびデータの特性が表示されます。以下のように各項目を変更しましょう。

データの小数点以下の桁数を選択できます。例題7の評価値のデータは整数（小数点以下の桁数がゼロ）なので、［0］（ゼロ）とします。

尺度が不明となっている場合は、尺度の水準を選択します。
例題7では、被験者の尺度を［名義］とし、ミルクの量、砂糖の量、評価値の尺度を［スケール］とします。

2.7.2 分析操作

変数とデータの入力が終わったら、データを分析するための操作を行います。

手順1 上のメニューバーから、［分析］→［一般線型モデル］→［1変量］を選択します。

手順2 「1変量」ウインドウで、各変数の設定を行います。

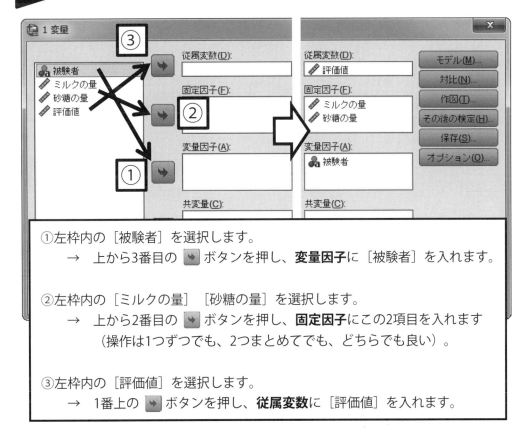

①左枠内の［被験者］を選択します。
　→　上から3番目の 　 ボタンを押し、**変量因子**に［被験者］を入れます。

②左枠内の［ミルクの量］［砂糖の量］を選択します。
　→　上から2番目の 　 ボタンを押し、**固定因子**にこの2項目を入れます
　　　（操作は1つずつでも、2つまとめてでも、どちらでも良い）。

③左枠内の［評価値］を選択します。
　→　1番上の 　 ボタンを押し、**従属変数**に［評価値］を入れます。

94　第2章　SPSSによる統計的検定の方法

　変数の設定を終えたら、「1変量」ウインドウの右側にある［モデル］ボタンを押します。

　「1変量：モデル」ウインドウで、分析を行う変数を設定します。
　「モデルの指定」枠では、すでに［すべての因子による］にチェックが入っています。これを［ユーザー指定］に変更します。

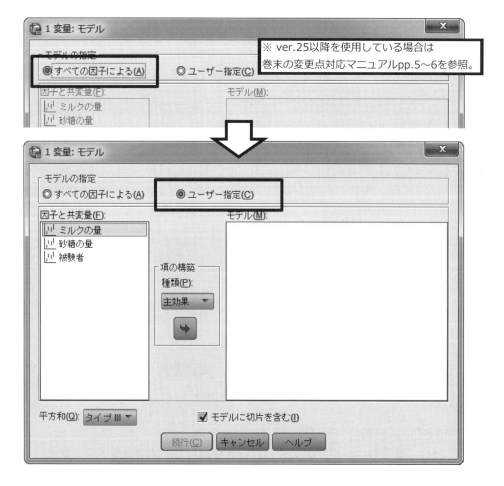

さらに「1変量：モデル」ウインドウで、以下のとおり変数を設定します。

（1）　① 左の「因子と共変量」枠内の［被験者］を選択します。
　　　② 中央の「項の構築」内のリストから［主効果］を選択します。
　　　③ リストの下の ボタンを押し、右の「モデル」枠に［被験者］を入れます。

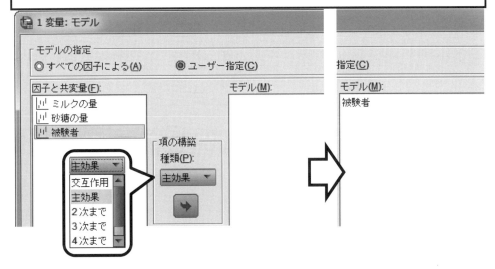

（2）　① 左の「因子と共変量」枠内の［ミルクの量］を選択します。
　　　② 中央の「項の構築」内のリストから［主効果］を選択します。
　　　③ リストの下の ボタンを押し、右の「モデル」枠に［ミルクの量］を入れます。

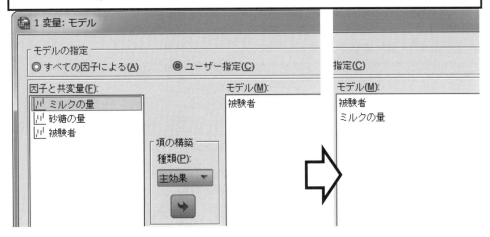

（3）　①左の「因子と共変量」枠内の［被験者］と［ミルクの量］の**両方を同時**に選択します。
　　　②中央の「項の構築」内のリストから［交互作用］を選択します。
　　　③リストの下の ➡ ボタンを押し、右の「モデル」枠に［ミルクの量*被験者］を入れます。

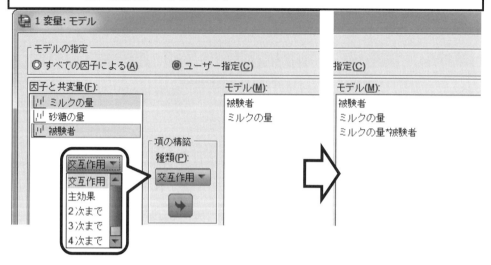

Windowsでは、［control］キーを押しながら［被験者］と［ミルクの量］を1つずつクリックすると、2つを同時に選択できるよ！

（4）　①左の「因子と共変量」枠内の［砂糖の量］を選択します。
　　　②中央の「項の構築」内のリストから［主効果］を選択します。
　　　③リストの下の ➡ ボタンを押し、右の「モデル」枠に［砂糖の量］を入れます。

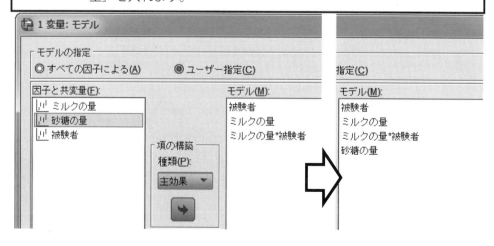

例題7　2要因被験者内分散分析 〜交互作用なし〜　97

（5）　① 左の「因子と共変量」枠内の［被験者］と［砂糖の量］の**両方を同時に**選択します。
　　　② 中央の「項の構築」内のリストから［交互作用］を選択します。
　　　③ リストの下の ［→］ボタンを押し、右の「モデル」枠に［砂糖の量*被験者］を入れます。

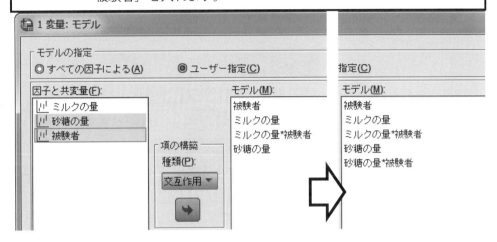

（6）　① 左の「因子と共変量」枠内の［ミルクの量］と［砂糖の量］の**両方を同時に**選択します。
　　　② 中央の「項の構築」内のリストから［交互作用］を選択します。
　　　③ リストの下の ［→］ボタンを押し、右の「モデル」枠に［ミルクの量*砂糖の量］を入れます。

（7）　［続行］ボタンを押すと、「1変量」ウインドウに戻ります。

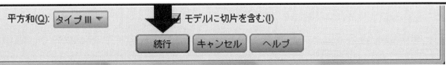

98　第2章　SPSSによる統計的検定の方法

手順4　「1変量」ウインドウに戻ったら、ウインドウの右側にある［その後の検定］ボタンを押します。

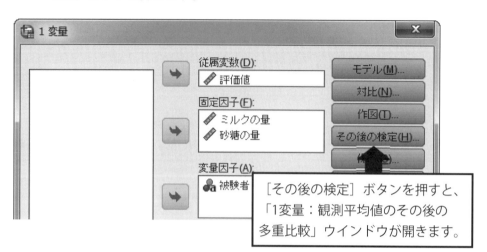

［その後の検定］ボタンを押すと、「1変量：観測平均値のその後の多重比較」ウインドウが開きます。

手順5　「1変量：観測平均値のその後の多重比較」ウインドウで、以下の①〜②の手順によって多重比較の手続きの設定を行います。

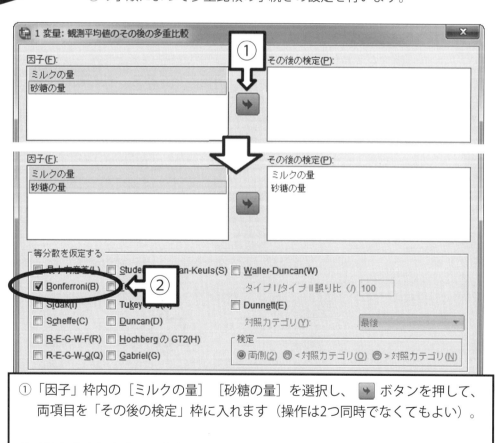

① 「因子」枠内の［ミルクの量］［砂糖の量］を選択し、■ボタンを押して、両項目を「その後の検定」枠に入れます（操作は2つ同時でなくてもよい）。

② 「等分散を仮定する」枠内から［Bonferroni］にチェックを入れます。

例題7　2要因被験者内分散分析 〜交互作用なし〜　99

手順6　「1変量：オプション」ウインドウでは、分散分析以外の集計や検定を設定することも可能です。たとえば「表示」枠の中から［記述統計］にチェックを入れると、平均値や標準偏差の値が記載された「記述統計量」の表が出力に追加されます。
設定を終えたら、下の［続行］ボタンを押します。

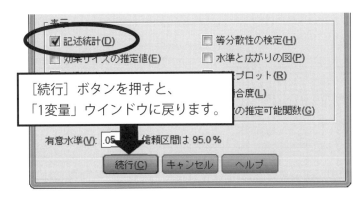

［続行］ボタンを押すと、「1変量」ウインドウに戻ります。

手順7　「1変量」ウインドウに戻ったら、下の［貼り付け］ボタンを押し、シンタックス・エディタを起動します。

［貼り付け］ボタンを押します。

手順8　シンタックス・エディタのメニューから［実行］→［すべて］を選択し、シンタックスを実行します。

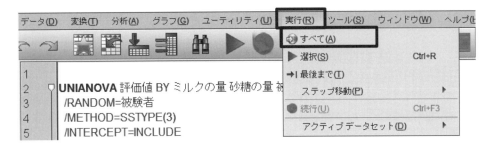

シンタックスは、ミルクの量もしくは砂糖の量の少なくとも一方の主効果が有意だった場合の多重比較の検定に使うよ。開いたままにしておいてね！

2.7.3 結果の読み取り

17ページの2要因分散分析の流れに沿って、出力された結果から、ミルクの量および砂糖の量によって缶コーヒーの評価値に差があるかどうかをみていきましょう。以下の「被験者間効果の検定」の表が、2要因被験者内分散分析の結果を示しています。

被験者間効果の検定

従属変数: 評価値

ソース		タイプIII平方和	自由度	平均平方	F値	有意確率
切片	仮説	1165.633	1	1165.633	154.389	.000
	誤差	30.200	4	7.550[a]		
被験者	仮説	30.200	4	7.550	15.100	.471
	誤差	.179	.357	.500[b]		
ミルクの量	仮説	40.833	1	40.833	37.692	.004
	誤差	4.333	4	1.083[c]		
ミルクの量 * 被験者	仮説	4.333	4	1.083	.707	.610
	誤差	12.267	8	1.533[d]		
砂糖の量	仮説	24.067	2	12.033	12.667	.003
	誤差	7.600	8	.950[e]		
砂糖の量 * 被験者	仮説	7.600	8	.950	.620	.743
	誤差	12.267	8	1.533[d]		
ミルクの量 * 砂糖の量	仮説	.067	2	.033	.022	.979
	誤差	12.267	8	1.533[d]		

17ページの流れ図に示したように、2要因分散分析では、2つの要因の交互作用が有意かどうかによって、その次からの分析のやり方が変わってくるよ！まずミルクの量と砂糖の量の交互作用の結果を確認しよう！

結果1 <u>ミルクの量と砂糖の量の交互作用の結果</u>

被験者間効果の検定

従属変数:評価値

ソース		タイプIII平方和	自由度	平均平方	F値	有意確率
ミルクの量 * 砂糖の量	仮説	.067	2	.033	.022	**.979**
	誤差	12.267	8	1.533[d]		

→ ここを見る

最初に、上の「被験者間効果の検定」の表において、ミルクの量と砂糖の量の交互作用が有意であるかどうかを確認します。「ミルクの量*砂糖の量（仮説）」の行において、1番右の列の「有意確率」の値と5%の有意水準0.05を比較し、交互作用が有意か有意でないかを判断します。

　　　有意確率の値が「0.05 以上」　→　有意ではない

　　　有意確率の値が「0.05 未満」　→　5%水準で有意

●<u>ミルクの量×砂糖の量の交互作用</u>

　　「ミルクの量*砂糖の量」の行の有意確率　0.979 > 0.05　→　有意ではない

例題7　2要因被験者内分散分析 〜交互作用なし〜　101

ここでストップ！
17ページの流れ図に示したように、交互作用が有意かどうかによって、その次からの分析のやり方が変わってくるよ！

交互作用が有意となった　　➡　118ページへ

交互作用が有意ではなく、　➡　このページの
主効果が有意だった　　　　　　結果2へ

交互作用も主効果も有意では　➡　分析終了
なかった　　　　　　　　　　　　105ページへ

2要因被験者内分散分析をやってみたら交互作用が有意となった場合は、118ページに移動して、手順7以降の操作からやり直してね！

結果2　ミルクの量および砂糖の量の主効果の結果

交互作用が有意ではなかったので、ミルクの量および砂糖の量の主効果を確認します。「被験者間効果の検定」の表において、「ミルクの量（仮説）」の行および「砂糖の量（仮説）」の行の、1番右の列の「有意確率」の値と有意水準0.05とを比較し、各主効果が有意か有意でないかを判断します。

ソース		タイプIII平方和	自由度	平均平方	F値	有意確率
ミルクの量	仮説	40.833	1	40.833	37.692	.004
	誤差	4.333	4	1.083^c		
砂糖の量	仮説	24.067	2	12.033	12.667	.003
	誤差	7.600	8	.950^e		

①ここを見る（.004）
②ここを見る（.003）

● ①ミルクの量の主効果

「ミルクの量（仮説）」の行の有意確率　0.004 < 0.05　→　有意

● ②砂糖の量の主効果

「砂糖の量（仮説）」の行の有意確率　0.003 < 0.05　→　有意

以上の結果より、ミルクの量の主効果および砂糖の量の主効果の両方が有意であると判断します。

120ページから移動してきた場合、すなわち2要因被験者内分散分析を行った結果、交互作用が有意にならず主効果が有意になった場合は、以下の説明を読み進めてください。

ここからは、2要因被験者内分散分析の結果、交互作用が有意にならず、かつ少なくとも1つの要因の主効果が有意になった場合の、多重比較検定のやり方について説明するよ!

2要因被験者内分散分析を行ったところ、ミルクの量の主効果と砂糖の量の主効果の両方が有意となりました。主効果が有意となった場合、どの水準間に有意な差があるかをみるために、多重比較の検定を行います。

このうち、ミルクの量の要因については多重比較の検定を行う必要はありません。なぜならば、ミルクの量の要因は2水準であるため、分散分析の主効果の結果自体が、その要因の2つの水準間に差があることを意味しているからです。一方、「砂糖の量」の要因は3水準であるため、多重比較の検定を行う必要があります。

手順9 手順7で開いたシンタックス・エディタ画面で、多重比較に関するシンタックス（下図では6行目）を、砂糖の量の要因に対して多重比較の検定を行う命令（囲みの行）に書き換えます。

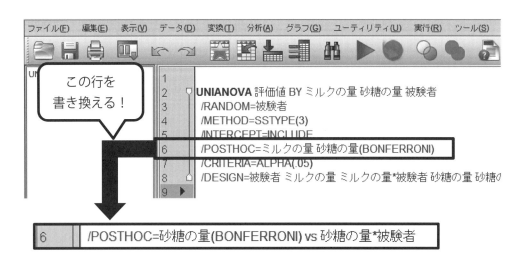

砂糖の量*被験者の平均平方の値を誤差項に使って、Bonferroni法で砂糖の量の水準間の多重比較を行う命令だよ。

書き換えたら、シンタックス・エディタのメニューから［実行］→［すべて］を選択し、シンタックスを実行します。

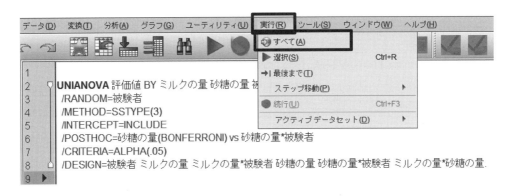

「砂糖の量」に関する多重比較の結果は「その後の検定」の部分に示されています。

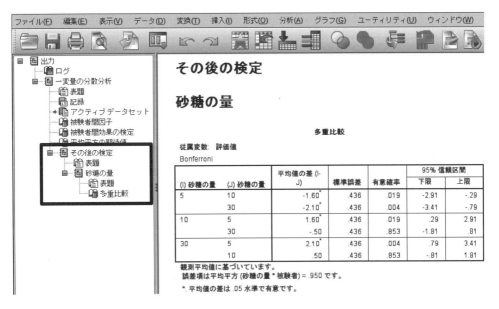

意外と知られていないんだけど、左のタイトルリストの中の項目をマウスでクリックすると、右の画面に、その項目の内容が表示されるんだよ！

砂糖の量間の多重比較の結果

「その後の検定」の出力の中の「多重比較」の表の右から3列目に、砂糖の量の間の評価値の平均値の差に対応する有意確率が示されています。

（注）水準名が同じ組み合わせ（たとえば「5 g－10 g」と「10 g－5 g」）の場合には、同じ結果が示されています。

多重比較
評価値
Bonferroni

(I) 砂糖の量	(J) 砂糖の量	平均値の差 (I-J)	標準誤差	有意確率	95% 信頼区間 下限	95% 信頼区間 上限
5	10	-1.60*	.436	.019	-2.91	-.29
	30	-2.10*	.436	.004	-3.41	-.79
10	5	1.60*	.436	.019	.29	2.91
	30	-.50	.436	.853	-1.81	.81
30	5	2.10*	.436	.004	.79	3.41
	10	.50	.436	.853	-.81	1.81

（ここを見る → 有意確率列）

これらの有意確率の値を、5%の有意水準0.05と比較し、砂糖の量間における評価値の平均値の差が有意か有意でないかを判断します。

　　　有意確率の値が「0.05 以上」　→　有意ではない
　　　有意確率の値が「0.05 未満」　→　5%水準で有意

「ペアごとの比較」の表において、3通りの砂糖の量の組み合わせのうち、5 gと10 g、5 gと30 g の間において有意確率の値が0.05未満であるので、5%水準で有意と判断します。すなわち、砂糖の量 5 gと10 g、5 gと30 g の缶コーヒーの評価値の間には有意な差があることが認められました。

　　　5 g－10 g 間の有意確率　0.019 < 0.05　→　有意
　　　5 g－30 g 間の有意確率　0.004 < 0.05　→　有意
　　　10 g－30 g 間の有意確率　0.853 > 0.05　→　有意ではない

もう一方の要因についても多重比較の検定を行う必要がある場合は、102〜104ページの手順をもう一度繰り返してね！

例題7 2要因被験者内分散分析 〜交互作用なし〜

> **2要因被験者内分散分析の結果の書き方の例**
>
> 缶コーヒーの味の評価値に関して、ミルクの量および砂糖の量を要因とする2要因被験者内分散分析を行ったところ、ミルクの量と砂糖の量の交互作用は有意ではなかった［$F(2, 8) = 0.02, ns$］。一方、ミルクの量の主効果が有意であり［$F(1, 4) = 37.69, p < .01$］、砂糖の量の主効果も有意であった［$F(2, 8) = 12.67, p < .01$］。砂糖の量間の評価値の差についてBonferroni法による多重比較を行ったところ、5 gと10 gの間（$p < .05$）、5 gと30 gの間（$p < .01$）に有意差が認められた。しかし、10 gと30 gの間に有意差は認められなかった。

結果の数値の表記について

「被験者間効果の検定」の表から、各要因（ミルクの量、砂糖の量、ミルクの量×砂糖の量）のF値、仮説と誤差の自由度をそれぞれ読み取ります。

ミルクの量	仮説	40.833	**1**	40.833	**37.692**	.004
	誤差	4.333	**4**	1.083ᶜ		
砂糖の量	仮説	24.067	**2**	12.033	**12.667**	.003
	誤差	7.600	**8**	.950ᵉ		
ミルクの量 * 砂糖の量	仮説	.067	**2**	.033	**.022**	.979
	誤差	12.267	**8**	1.533ᵈ		

上の表のうち、黒線で囲まれた部分を読み取る

結果の数値の表記のポイント

●**交互作用**

ミルクの量*砂糖の量（仮説）の自由度 / ミルクの量*砂糖の量（誤差）自由度 / ミルクの量*砂糖の量のF値

$F(2, 8) = 0.02, ns$ ← 下の表のとおりに入れる

●**ミルクの量の主効果**

ミルクの量（仮説）の自由度 / ミルクの量（誤差）の自由度 / ミルクの量のF値

$F(1, 4) = 37.69, p < .01$

| 5%水準で有意 → $p < .05$ |
| 1%水準で有意 → $p < .01$ |
| 0.1%水準で有意 → $p < .001$ |
| 有意ではない → ns |

●**砂糖の量の主効果**

砂糖の量（仮説）の自由度 / 砂糖の量（誤差）の自由度 / 砂糖の量のF値

$F(2, 8) = 12.67, p < .01$

Fやpなどの統計記号は斜体にする

【参考】 2要因被験者内分散分析 分散分析表の作り方

論文やレポートなどに分散分析表を載せる場合は、SPSSの結果の表をそのまま転載するのではなく、「被験者間効果の検定」の表から必要な項目を読み取って、分散分析表を作成します。

被験者間効果の検定

従属変数: 評価値

ソース		タイプIII 平方和	自由度	平均平方	F値	有意確率
切片	仮説	1165.633	1	1165.633	154.389	.000
	誤差	30.200	4	7.550[a]		
被験者	仮説	30.200	4	7.550	15.100	.471
	誤差	.179	.357	.500[b]		
ミルクの量	仮説	40.833	1	40.833	37.692	.004
	誤差	4.333	4	1.083[c]		
ミルクの量 * 被験者	仮説	4.333	4	1.083	.707	.610
	誤差	12.267	8	1.533[d]		
砂糖の量	仮説	24.067	2	12.033	12.667	.003
	誤差	7.600	8	.950[e]		
砂糖の量 * 被験者	仮説	7.600	8	.950	.620	.743
	誤差	12.267	8	1.533[d]		
ミルクの量 * 砂糖の量	仮説	.067	2	.033	.022	.979
	誤差	12.267	8	1.533[d]		

●分散分析表の具体例

Table 2.7.2
ミルクの量および砂糖の量を要因とする、缶コーヒーの評価値の2要因被験者内分散分析表

要因	平方和	自由度	平均平方	F 値
被験者	30.20	4		
ミルクの量	40.83	1	40.83	37.69 **
誤差(ミルクの量)	4.33	4	1.08	
砂糖の量	24.07	2	12.03	12.67 **
誤差(砂糖の量)	7.60	8	0.95	
ミルクの量 × 砂糖の量	0.07	2	0.03	0.02
誤差(ミルクの量 × 砂糖の量)	12.27	8	1.53	
全体	119.37	29		

** $p < .01$

【参考】 2要因被験者内分散分析　分散分析表の作り方

[分散分析表のタイトルを書く]

要因	平方和	自由度	平均平方	F 値
被験者	被験者のタイプⅢ平方和	被験者の自由度		
要因1	要因1（仮説）のタイプⅢ平方和	要因1（仮説）の自由度	要因1（仮説）の平均平方	要因1のF値
誤差(要因1)	要因1（誤差）のタイプⅢ平方和	要因1（誤差）の自由度	要因1（誤差）の平均平方	
要因2	要因2（仮説）のタイプⅢ平方和	要因2（仮説）の自由度	要因2（仮説）の平均平方	要因2のF値
誤差(要因2)	要因2（誤差）のタイプⅢ平方和	要因2（誤差）の自由度	要因2（誤差）の平均平方	
要因1×要因2	要因1×要因2（仮説）のタイプⅢ平方和	要因1×要因2（仮説）の自由度	要因1×要因2（仮説）の平均平方	要因1×要因2のF値
誤差(要因1×要因2)	要因1×要因2（誤差）のタイプⅢ平方和	要因1×要因2（誤差）の自由度	要因1×要因2（誤差）の平均平方	
全体	タイプⅢ平方和の合計	自由度の合計		

【参考】 多重比較の結果の表の作り方

論文やレポートなどに多重比較の結果の表を載せる場合は、「多重比較」の表をそのまま転載するのではなく、どの水準間で有意差が認められ、どの水準間で有意差が認められなかったのかを判断し、該当する箇所にその結果を記号で書き入れた表を作成します。

多重比較
評価値
Bonferroni

(I) 砂糖の量	(J) 砂糖の量	平均値の差 (I-J)	標準誤差	有意確率	下限	上限
5	10	-1.60*	.436	.019	-2.91	-.29
	30	-2.10*	.436	.004	-3.41	-.79
10	5	1.60*	.436	.019	.29	2.91
	30	-.50	.436	.853	-1.81	.81
30	5	2.10*	.436	.004	.79	3.41
	10	.50	.436	.853	-.81	1.81

→ ここを読み取り、有意差の有無を記号で結果の表に入れる

[多重比較の結果の表のタイトルを書く]

	水準1	水準2	水準3
水準1		水準1と水準2の間の結果	水準1と水準3の間の結果
水準2			水準2と水準3の間の結果
水準3			

情報が重複するので、ここには結果を書き入れない

有意差あり:
* （5%水準）
** （1%水準）
*** （0.1%水準）

有意差なし:
ns

●多重比較の結果の表の具体例

Table 2.7.3

砂糖の量の間の多重比較の結果

	5 g	10 g	30 g
5 g		*	**
10 g			*ns*
30 g			

p < .05, ** *p* < .01, *ns* : 有意差なし

2要因被験者内分散分析
～交互作用あり～

お菓子と飲み物の相性を調べるために2種類のお菓子と3種類の飲み物を組み合わせた計6種類の軽食を用意し、被験者4名にすべての軽食を試食してもらった。ただし、軽食ごとの試食の間隔は十分にあけ、軽食を食べる順番は被験者ごとにランダムとした。各軽食を試食した後に、その軽食がどの程度美味しかったかについて、1点から10点の数値で評価してもらった。その結果をTable 2.8.1に示す。表中の数値が高いほど、その組み合わせの軽食をより美味しく感じたことを意味する。お菓子と飲み物の種類の相性について検討せよ。

Table 2.8.1
軽食の評価値（点）

被験者	お菓子の種類	飲み物の種類		
		コーヒー	紅茶	緑茶
Oさん	洋菓子	4	5	6
Pさん		7	8	3
Qさん		5	6	5
Rさん		5	7	3
Oさん	和菓子	3	6	9
Pさん		3	3	6
Qさん		5	4	7
Rさん		2	5	8

和菓子とコーヒーって相性が悪そうだね……

2.8.1 データの入力と設定

第1の要因であるお菓子の種類に2水準（和菓子、洋菓子）、第2の要因である飲み物の種類に3水準（コーヒー、紅茶、緑茶）があり、これらを組み合わせた全6種類の軽食を各被験者が評価しているので、このデータの分析には「2要因被験者内分散分析」を用います。

データは、下の左図のように、被験者、各要因とその水準ごとに縦に分けて並べます。Excelのデータファイルでは、下の右図のように、A列に被験者、B列に第1の要因（お菓子の種類）の各水準名、C列に第2の要因（飲み物の種類）の各水準名をそれぞれ**全角文字**で、D列に各軽食の評価値を**半角数字**で入力します。

被験者	要因A	要因B	計測値
Oさん	A水準1	B水準1	Oさん A1B1 データ
Oさん	A水準1	B水準2	Oさん A1B2 データ
Oさん	A水準1	B水準3	Oさん A1B3 データ
Oさん	A水準2	B水準1	Oさん A2B1 データ
Oさん	A水準2	B水準2	Oさん A2B2 データ
Oさん	A水準2	B水準3	Oさん A2B3 データ
Pさん	A水準1	B水準1	Pさん A1B1 データ
Pさん	A水準1	B水準2	Pさん A1B2 データ
Pさん	A水準1	B水準3	Pさん A1B3 データ
:	:	:	:

	A	B	C	D
1	被験者	お菓子の種類	飲み物の種類	評価値
2	Oさん	和菓子	コーヒー	3
3	Oさん	和菓子	紅茶	6
4	Oさん	和菓子	緑茶	9
5	Oさん	洋菓子	コーヒー	4
6	Oさん	洋菓子	紅茶	5
7	Oさん	洋菓子	緑茶	6
8	Pさん	和菓子	コーヒー	3
9	Pさん	和菓子	紅茶	3
10	Pさん	和菓子	緑茶	6
11	Pさん	洋菓子	コーヒー	7
12	Pさん	洋菓子	紅茶	8
13	Pさん	洋菓子	緑茶	3
14	Qさん	和菓子	コーヒー	5
15	Qさん	和菓子	紅茶	4
16	Qさん	和菓子	緑茶	7
17	Qさん	洋菓子	コーヒー	5
18	Qさん	洋菓子	紅茶	6
19	Qさん	洋菓子	緑茶	5

手順1 データビューの画面で、Excelファイルからデータを読み込みます。

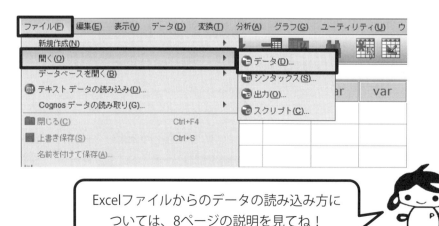

Excelファイルからのデータの読み込み方については、8ページの説明を見てね！

例題8　2要因被験者内分散分析 〜交互作用あり〜　111

ExcelのデータがSPSSに読み込まれると、データビューの画面に被験者と2つの要因の各水準名、およびそのデータが表示されます。

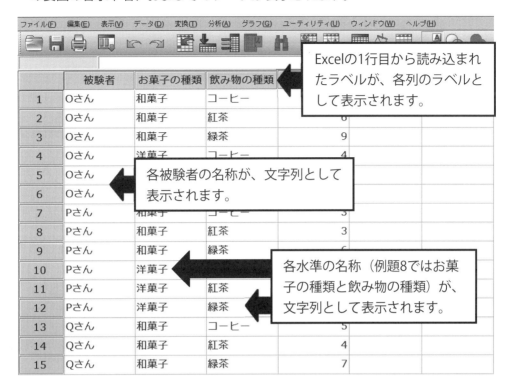

手順2　変数ビューのタブを選ぶと、データビューでの各列の内容が表示されます。以下のように各項目を変更しましょう。

	名前	型	幅	小数桁数	ラベル	値	欠損値	列	配置	尺度	役割
1	被験者	文字列	7	0		なし	なし	9	左	名義	入力
2	お菓子の種類	文字列	9	0		なし	なし	9	左	名義	入力
3	飲み物の種類	文字列	12	0		なし	なし	9	左	名義	入力
4	評価値	数値	11	0		なし	なし	7	右	スケール	入力

データの小数点以下の桁数を選択できます。例題8の評価値のデータは整数（小数点以下の桁数がゼロ）なので、［0］（ゼロ）とします。

尺度が不明となっている場合は、尺度の水準を選択します。
例題8では、被験者、お菓子の種類、飲み物の種類の尺度を［名義］とし、評価値の尺度を［スケール］とします。

2.8.2 分析操作

変数とデータの入力が終わったら、データを分析するための操作を行います。

　上のメニューバーから、[分析]→[一般線型モデル]→[1変量]を選択します。

手順2　「1変量」ウインドウで、各変数の設定を行います。

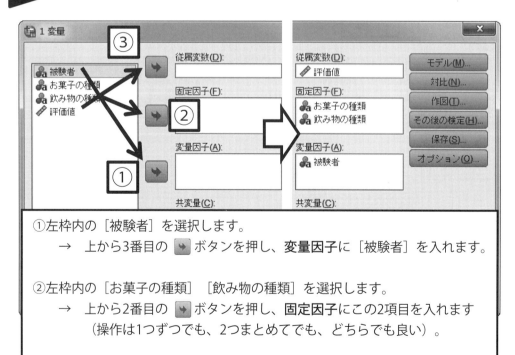

①左枠内の[被験者]を選択します。
　→　上から3番目の ➡ ボタンを押し、**変量因子**に[被験者]を入れます。

②左枠内の[お菓子の種類][飲み物の種類]を選択します。
　→　上から2番目の ➡ ボタンを押し、**固定因子**にこの2項目を入れます（操作は1つずつでも、2つまとめてでも、どちらでも良い）。

③左枠内の[評価値]を選択します。
　→　1番上の ➡ ボタンを押し、**従属変数**に[評価値]を入れます。

例題8　2要因被験者内分散分析 〜交互作用あり〜　113

変数の設定を終えたら、「1変量」ウインドウの右側にある［モデル］ボタンを押します。

手順3　「1変量：モデル」ウインドウで、分析を行う変数を設定します。
「モデルの指定」枠では、すでに［すべての因子による］にチェックが入っています。これを［ユーザー指定］に変更します。

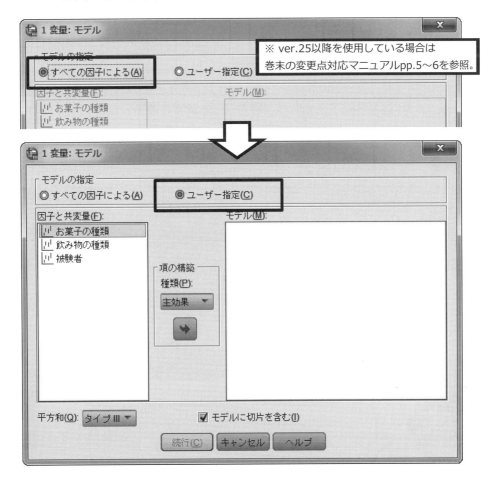

114　第2章　SPSSによる統計的検定の方法

「1変量：モデル」ウインドウで、分析を行う変数を設定します。

（1）　① 左の「因子と共変量」枠内の［被験者］を選択します。
　　　② 中央の「項の構築」内のリストから［主効果］を選択します。
　　　③ リストの下の ➡ ボタンを押し、右の「モデル」枠に［被験者］を入れます。

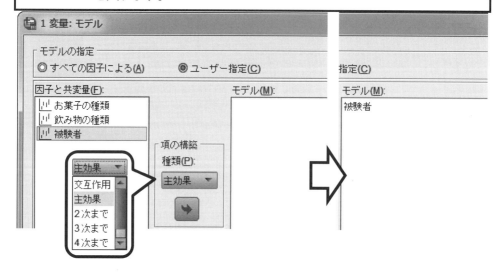

（2）　① 左の「因子と共変量」枠内の［お菓子の種類］を選択します。
　　　② 中央の「項の構築」内のリストから［主効果］を選択します。
　　　③ リストの下の ➡ ボタンを押し、右の「モデル」枠に［お菓子の種類］を入れます。

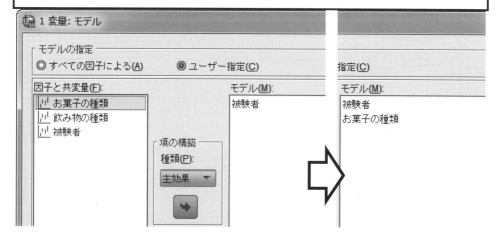

例題8　2要因被験者内分散分析 ～交互作用あり～　115

（3）　① 左の「因子と共変量」枠内の［被験者］と［お菓子の種類］の**両方を同時に**選択します。
　　　② 中央の「項の構築」内のリストから［交互作用］を選択します。
　　　③ リストの下の ➡ ボタンを押し、右の「モデル」枠に［お菓子の種類*被験者］を入れます。

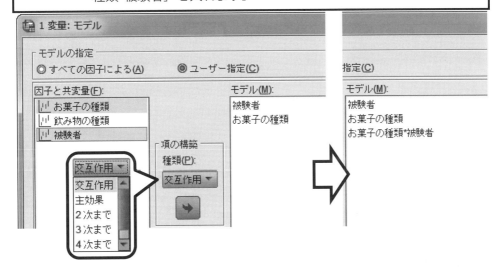

Windowsでは、［control］キーを押しながら［被験者］と［お菓子の種類］を1つずつクリックすると、両方を同時に選択できるよ！

（4）　① 左の「因子と共変量」枠内の［飲み物の種類］を選択します。
　　　② 中央の「項の構築」内のリストから［主効果］を選択します。
　　　③ リストの下の ➡ ボタンを押し、右の「モデル」枠に［飲み物の種類］を入れます。

（5） ① 左の「因子と共変量」枠内の［被験者］と［飲み物の種類］の**両方を同時に**選択します。
② 中央の「項の構築」内のリストから［交互作用］を選択します。
③ リストの下の ➡ ボタンを押し、右の「モデル」枠に［飲み物の種類*被験者］を入れます。

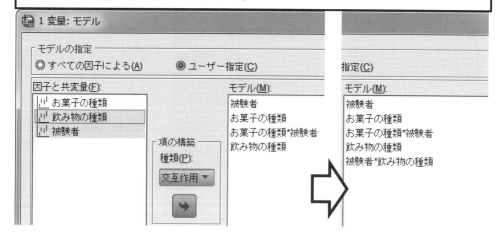

（6） ① 左の「因子と共変量」枠内の［お菓子の種類］と［飲み物の種類］の**両方を同時に**選択します。
② 中央の「項の構築」内のリストから［交互作用］を選択します。
③ リストの下の ➡ ボタンを押し、右の「モデル」枠に［お菓子の種類*飲み物の種類］を入れます。

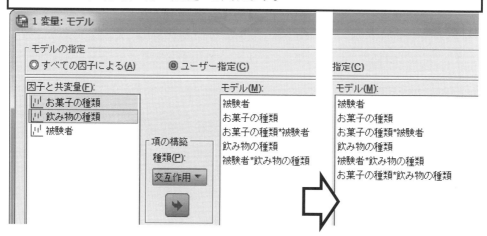

（7） ［続行］ボタンを押すと、「1変量」ウインドウに戻ります。

例題8　2要因被験者内分散分析 ～交互作用あり～　117

手順4　「1変量」ウインドウに戻ったら、ウインドウの右側にある［その後の検定］ボタンを押します。

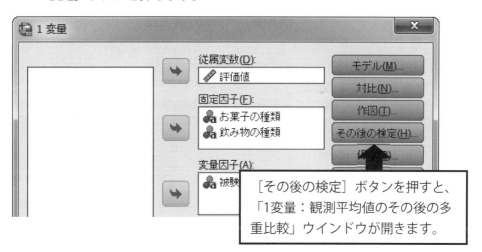

［その後の検定］ボタンを押すと、「1変量：観測平均値のその後の多重比較」ウインドウが開きます。

手順5　「1変量：観測平均値のその後の多重比較」ウインドウで、以下の①～②の手順によって多重比較の手続きの設定を行います。

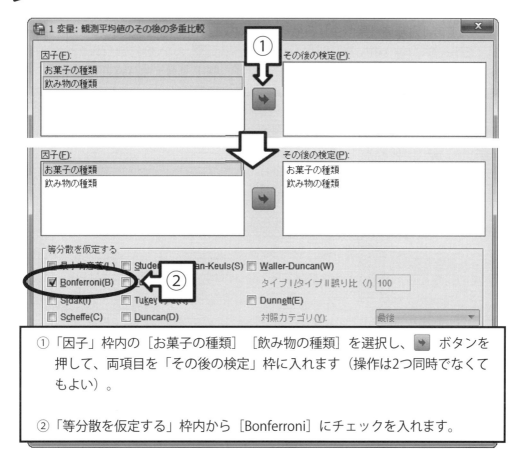

①「因子」枠内の［お菓子の種類］［飲み物の種類］を選択し、→ ボタンを押して、両項目を「その後の検定」枠に入れます（操作は2つ同時でなくてもよい）。

②「等分散を仮定する」枠内から［Bonferroni］にチェックを入れます。

「1変量：オプション」ウインドウでは、分散分析以外の集計や検定を設定することも可能です。たとえば「表示」枠の中から［記述統計］にチェックを入れると、平均値や標準偏差の値が記載された「記述統計量」の表が出力に追加されます。
設定を終えたら、下の［続行］ボタンを押します。

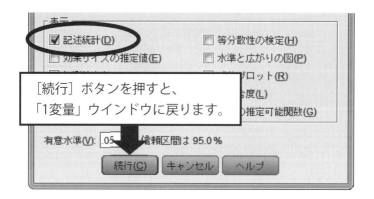

 101ページから移動してきた場合、すなわち2要因被験者内分散分析を行った結果、交互作用が有意になった場合は、以下の手順7からやり直してください（手順6までは同じです）。

「1変量」ウインドウに戻ったら、下の5つのボタンのうち1番左の［OK］ボタンを押し、分析を実行します。

なお、左から2番目の［貼り付け］ボタンを押すと、ここまでの設定内容が、シンタックス（テキスト形式のプログラム）として書き出されます。このシンタックスを、シンタックス・エディタで編集して、分析を実行することも可能です。

シンタックス・エディタでの2要因被験者内分散分析（交互作用ありの場合）のやり方は、209ページを見てね！

2.8.3 結果の読み取り

17ページの2要因分散分析の流れに沿って、出力された結果から、お菓子の種類および飲み物の種類によって軽食の評価値に差があるかどうかをみていきましょう。以下の「被験者間効果の検定」の表が、2要因被験者内分散分析の結果を示しています。

被験者間効果の検定

従属変数: 評価値

ソース		タイプIII 平方和	自由度	平均平方	F値	有意確率
切片	仮説	651.042	1	651.042	1736.111	.000
	誤差	1.125	3	.375[a]		
被験者	仮説	1.125	3	.375	.120	.943
	誤差	9.683	3.099	3.125[b]		
お菓子の種類	仮説	.375	1	.375	.158	.718
	誤差	7.125	3	2.375[c]		
お菓子の種類 * 被験者	仮説	7.125	3	2.375	1.541	.298
	誤差	9.250	6	1.542[d]		
飲み物の種類	仮説	11.583	2	5.792	2.527	.160
	誤差	13.750	6	2.292[e]		
飲み物の種類 * 被験者	仮説	13.750	6	2.292	1.486	.321
	誤差	9.250	6	1.542[d]		
お菓子の種類 * 飲み物の種類	仮説	36.750	2	18.375	11.919	.008
	誤差	9.250	6	1.542[d]		

17ページの流れ図に示したように、2要因分散分析では、2つの要因の交互作用が有意かどうかによって、その次からの分析のやり方が変わってくるよ！お菓子の種類と飲み物の種類の交互作用の結果を確認しよう！

結果1 お菓子の種類と飲み物の種類の交互作用の結果

被験者間効果の検定

従属変数:評価値

ソース		タイプIII 平方和	自由度	平均平方	F値	有意確率
お菓子の種類 * 飲み物の種類	仮説	36.750	2	18.375	11.919	.008
	誤差	9.250	6	1.542[d]		

↑ ここを見る

最初に上の「被験者間効果の検定」の表において、お菓子の種類と飲み物の種類の交互作用が有意であるかどうかを確認します。1番右の列の「有意確率」の値と5%の有意水準0.05とを比較し、交互作用が有意か有意でないかを判断します。

有意確率の値が「0.05 以上」 → 有意ではない

有意確率の値が「0.05 未満」 → 5%水準で有意

●お菓子の種類×飲み物の種類の交互作用

「お菓子の種類*飲み物の種類」の行の有意確率　0.008 ＜ 0.05　→　有意

ここでストップ！
17ページの流れ図に示したように、交互作用が有意かどうかによって、その次からの分析のやり方が変わってくるよ！

交互作用が有意となった 下の説明を読もう

交互作用が有意ではなく、主効果が有意だった 102ページへ

交互作用も主効果も有意ではなかった → 分析終了 135ページへ

2要因被験者内分散分析の結果、交互作用が有意ではなくても、主効果が有意ならば、ここまでの手順は無駄にはならないよ！102ページに移動して、それ以降に書かれている、多重比較の説明に従って分析を進めてね！

以上の結果より、お菓子の種類と飲み物の種類の交互作用が5%水準で有意と判断します。交互作用が有意であったので、前ページの「被験者間効果の検定」の表の、お菓子の種類の主効果ならびに飲み物の種類の主効果の検定結果を採用せずに、単純主効果の検定を行います。

次のページからは、2要因被験者内分散分析の結果、交互作用が有意になった場合の、単純主効果の検定のやり方について説明していくよ！

2.8.4 お菓子の種類の要因ごとの単純主効果の検定

1．データファイルの分割

お菓子の要因の水準（洋菓子、和菓子）ごとに単純主効果の検定を行うために、109ページのデータを分割します。

 上のメニューバーから、［データ］→［ファイルの分割］を選択します。

 「ファイルの分割」ウインドウで、以下の①～③の手順によって、データ分割の設定を行います。

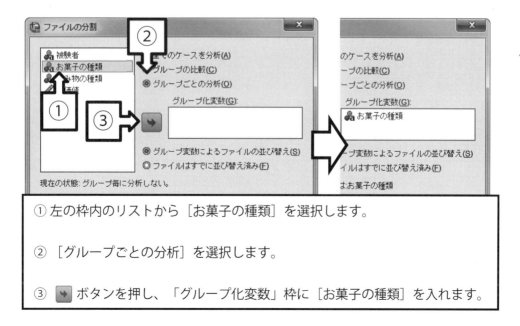

① 左の枠内のリストから［お菓子の種類］を選択します。

② ［グループごとの分析］を選択します。

③ ボタンを押し、「グループ化変数」枠に［お菓子の種類］を入れます。

下の5つのボタンのうち1番左の［OK］ボタンを押し、分割を実行します。

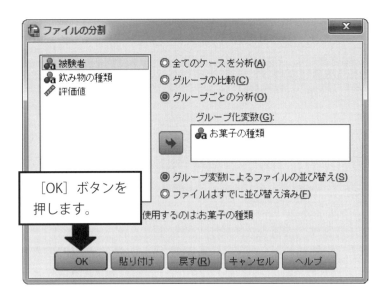

［OK］ボタンを押します。

なお、「ファイルの分割」ウインドウで、最初の状態で「グループ変数によるファイルの並び替え」が選択されているので（上の図参照）、ファイルの分割の実行後、元のデータが、お菓子の種類の水準ごとに並び替わります。

被験者	お菓子の種類	飲み物の種類	評価値
Oさん	和菓子	コーヒー	3
Oさん	和菓子	紅茶	6
Oさん	和菓子	緑茶	9
Oさん	洋菓子	コーヒー	4
Oさん	洋菓子	紅茶	5
Oさん	洋菓子	緑茶	6
Pさん	和菓子	コーヒー	3
Pさん	和菓子	紅茶	3
Pさん	和菓子	緑茶	6
Pさん	洋菓子	コーヒー	7
Pさん	洋菓子	紅茶	8
Pさん	洋菓子	緑茶	
Qさん	和菓子	コーヒー	
Qさん	和菓子	紅茶	4
Qさん	和菓子	緑茶	7
Qさん	洋菓子	コーヒー	5
Qさん	洋菓子	紅茶	6
Qさん	洋菓子	緑茶	5
Rさん	和菓子	コーヒー	2
Rさん	和菓子	紅茶	5
Rさん	和菓子	緑茶	8
Rさん	洋菓子	コーヒー	5
Rさん	洋菓子	紅茶	7
Rさん	洋菓子	緑茶	3

被験者	お菓子の種類	飲み物の種類	評価値
Oさん	洋菓子	コーヒー	4
Oさん	洋菓子	紅茶	5
Oさん	洋菓子	緑茶	6
Pさん	洋菓子	コーヒー	7
Pさん	洋菓子	紅茶	8
Pさん	洋菓子	緑茶	3
Qさん	洋菓子	コーヒー	5
Qさん	洋菓子	紅茶	6
Qさん	洋菓子	緑茶	5
Rさん	洋菓子	コーヒー	5
Rさん	洋菓子	紅茶	7
Rさん	洋菓子	緑茶	3
Oさん	和菓子	コーヒー	3
Oさん	和菓子	紅茶	6
Oさん	和菓子	緑茶	9
Pさん	和菓子	コーヒー	3
Pさん	和菓子	紅茶	3
Pさん	和菓子	緑茶	6
Qさん	和菓子	コーヒー	5
Qさん	和菓子	紅茶	4
Qさん	和菓子	緑茶	7
Rさん	和菓子	コーヒー	2
Rさん	和菓子	紅茶	5
Rさん	和菓子	緑茶	8

2．分析操作

データファイルの分割が終わったら、データを分析するための操作を行います。

手順1　上のメニューバーから、［分析］→［一般線型モデル］→［1変量］を選択します。

手順2　「1変量」ウインドウで、各変数の設定を行います。

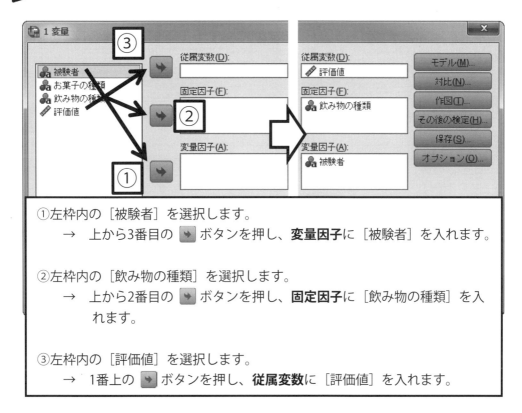

①左枠内の［被験者］を選択します。
　→　上から3番目の ➡ ボタンを押し、**変量因子**に［被験者］を入れます。

②左枠内の［飲み物の種類］を選択します。
　→　上から2番目の ➡ ボタンを押し、**固定因子**に［飲み物の種類］を入れます。

③左枠内の［評価値］を選択します。
　→　1番上の ➡ ボタンを押し、**従属変数**に［評価値］を入れます。

変数の設定を終えたら、「1変量」ウインドウの右側にある［モデル］ボタンを押します。

［モデル］ボタンを押すと、「1変量：モデル」ウインドウが開きます。

手順3　「1変量：モデル」ウインドウで、分析を行う変数を設定します。
「モデルの指定」枠では、すでに［すべての因子による］にチェックが入っています。これを［ユーザー指定］に変更します。

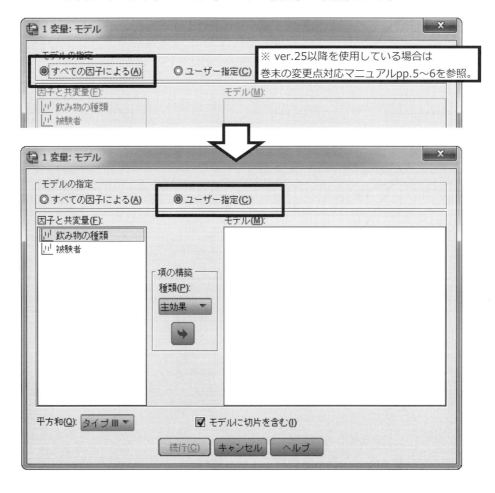

※ ver.25以降を使用している場合は巻末の変更点対応マニュアルpp.5〜6を参照。

さらに「1変量：モデル」ウインドウで、以下のとおり変数を設定します。

（1） ① 左の「因子と共変量」枠内の［被験者］を選択します。
② 中央の「項の構築」内のリストから［主効果］を選択します。
③ リストの下の ➡ ボタンを押し、右の「モデル」枠に［被験者］を入れます。

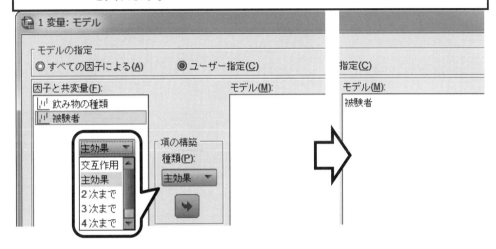

（2） ① 左の「因子と共変量」枠内の［飲み物の種類］を選択します。
② 中央の「項の構築」内のリストから［主効果］を選択します。
③ リストの下の ➡ ボタンを押し、右の「モデル」枠に［飲み物の種類］を入れます。

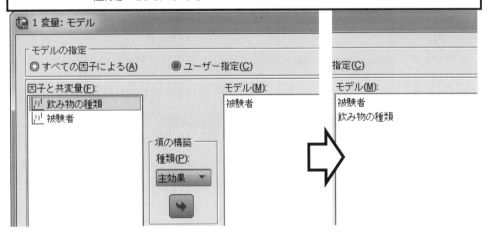

（3） ［続行］ボタンを押すと、「1変量」ウインドウに戻ります。

126　第2章　SPSSによる統計的検定の方法

手順4　「1変量」ウインドウに戻ったら、ウインドウの右側にある［オプション］ボタンを押します。
※ ver.25以降を使用している場合は巻末の変更点対応マニュアルpp.2〜4を参照。

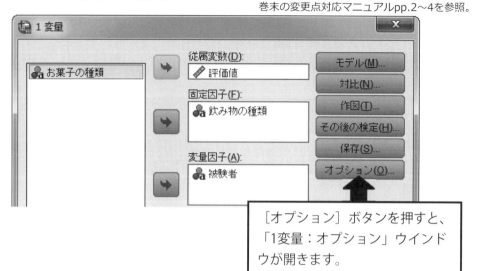

［オプション］ボタンを押すと、「1変量：オプション」ウインドウが開きます。

手順5　「1変量：オプション」ウインドウで、以下の①〜③の手順によって多重比較の設定を行います。

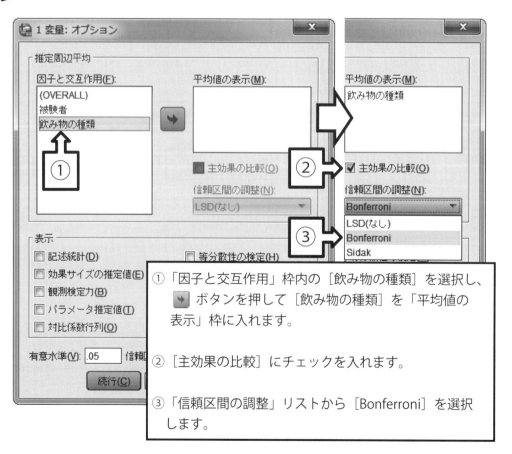

① 「因子と交互作用」枠内の［飲み物の種類］を選択し、→ボタンを押して［飲み物の種類］を「平均値の表示」枠に入れます。

② ［主効果の比較］にチェックを入れます。

③ 「信頼区間の調整」リストから［Bonferroni］を選択します。

例題8　2要因被験者内分散分析　〜交互作用あり〜　127

手順6　「1変量：オプション」ウインドウでは、分散分析以外の集計や検定を設定することも可能です。たとえば「表示」枠の中から［記述統計］にチェックを入れると、平均値や標準偏差の値が記載された「記述統計量」の表が出力に追加されます。
設定を終えたら、下の［続行］ボタンを押します。

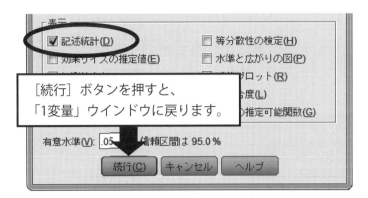

手順7　「1変量」ウインドウに戻ったら、下の5つのボタンのうち1番左の［OK］ボタンを押し、分析を実行します。

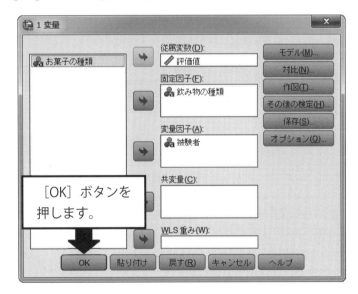

なお、左から2番目の［貼り付け］ボタンを押すと、ここまでの設定内容が、シンタックス（テキスト形式のプログラム）として書き出されます。このシンタックスを、シンタックス・エディタで編集して、分析を実行することも可能です。

> シンタックス・エディタでの単純主効果検定のやり方は、
> 1要因被験者内分散分析（205ページ）と同じだよ！

3．単純主効果の結果の読み取り

単純主効果の検定の結果は、「一変量の分散分析」の部分に、お菓子の種類の水準ごとに分かれて出力されます。すなわち、以下の図の「お菓子の種類 = 洋菓子」と「お菓子の種類＝和菓子」の2ヵ所に出力されます。

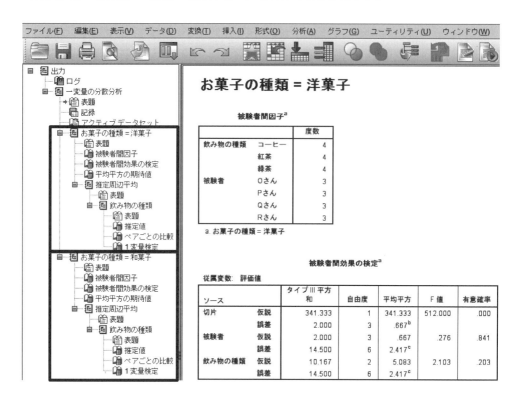

意外と知られていないんだけど、左のタイトルリストの中の項目をマウスでクリックすると、右の画面に、その項目の内容が表示されるんだよ！

この単純主効果の検定の結果の出力では、よく似た表が表示されるので、間違ってしまうかもしれないね。
わからなくなってしまった場合は、
この左のタイトルリストをクリックして移動してね！

出力された結果から、お菓子の種類の水準ごとに飲み物の種類によって軽食の評価値に差があるかどうかをみていきましょう。以下の「被験者間効果の検定」の表が、洋菓子における飲み物の種類の単純主効果の検定結果を示しています。

結果1 洋菓子における飲み物の種類の単純主効果の検定結果

被験者間効果の検定

従属変数: 評価値

ソース		タイプIII平方和	自由度	平均平方	F値	有意確率
切片	仮説	341.333	1	341.333	512.000	.000
	誤差	2.000	3	.667[b]		
被験者	仮説	2.000	3	.667	.276	.841
	誤差	14.500	6	2.417[c]		
飲み物の種類	仮説	10.167	2	5.083	2.103	**.203**
	誤差	14.500	6	2.417[c]		

←ここを見る

上の「被験者間効果の検定」の表において、「飲み物の種類」の行の1番右の列にある「有意確率」の値と5%の有意水準0.05を比較し、飲み物の種類の要因が有意か有意でないかを判断します。

　　　有意確率の値が「0.05 以上」　→　有意ではない

　　　有意確率の値が「0.05 未満」　→　5%水準で有意

上の表では、飲み物の種類の有意確率の値は0.203です。この値は0.05以上であるので、洋菓子における飲み物の種類の単純主効果が有意とは認められませんでした。

飲み物の種類の単純主効果が有意ではなかったので、飲み物の種類の水準間の多重比較の結果を確認する必要はありません。なお、多重比較の結果は以下の「ペアごとの比較」の表に示されています。以下の表の有意確率の値を見ると、どの飲み物の組み合わせでも有意な差は認められません。

ペアごとの比較

従属変数: 評価値

(I) 飲み物の種類	(J) 飲み物の種類	平均値の差 (I-J)	標準誤差	有意確率[b]	95% 平均差信頼区間[b]	
					下限	上限
コーヒー	紅茶	-1.250	1.099	.897	-4.864	2.364
	緑茶	1.000	1.099	1.000	-2.614	4.614
紅茶	コーヒー	1.250	1.099	.897	-2.364	4.864
	緑茶	2.250	1.099	.260	-1.364	5.864
緑茶	コーヒー	-1.000	1.099	1.000	-4.614	2.614
	紅茶	-2.250	1.099	.260	-5.864	1.364

続いて、和菓子の場合の結果も確認しましょう。以下の「被験者間効果の検定」の表が、和菓子における飲み物の種類の単純主効果の検定結果を示しています。

　和菓子における飲み物の種類の単純主効果の検定結果

被験者間効果の検定

従属変数: 評価値

ソース		タイプⅢ平方和	自由度	平均平方	F値	有意確率
切片	仮説	310.083	1	310.083	148.840	.001
	誤差	6.250	3	2.083ᵇ		
被験者	仮説	6.250	3	2.083	1.471	.314
	誤差	8.500	6	1.417ᶜ		
飲み物の種類	仮説	38.167	2	19.083	13.471	.006
	誤差	8.500	6	1.417ᶜ		

→ ここを見る

上の「被験者間効果の検定」の表において、「飲み物の種類」の行の1番右の列にある「有意確率」の値と5%の有意水準0.05を比較し、飲み物の種類の要因が有意か有意でないかを判断します。

　　有意確率の値が「0.05以上」　→　有意ではない

　　有意確率の値が「0.05未満」　→　5%水準で有意

上の表では、飲み物の種類の有意確率の値は0.006です。この値は0.05未満であるので、和菓子における飲み物の種類の単純主効果が5%水準で有意であると判断します。

以上の単純主効果の検定から、和菓子の場合に飲み物の種類の効果が有意となったので、さらに多重比較を行って、どの飲み物の間に有意な差があるのかを調べます。多重比較の結果は、以下の「ペアごとの比較」の表に示されています。

ペアごとの比較

従属変数: 評価値

(I) 飲み物の種類	(J) 飲み物の種類	平均値の差 (I-J)	標準誤差	有意確率ᶜ	95% 平均差信頼区間ᶜ	
					下限	上限
コーヒー	紅茶	-1.250	.842	.564	-4.017	1.517
	緑茶	-4.250*	.842	.007	-7.017	-1.483
紅茶	コーヒー	1.250	.842	.564	-1.517	4.017
	緑茶	-3.000*	.842	.036	-5.767	-.233
緑茶	コーヒー	4.250*	.842	.007	1.483	7.017
	紅茶	3.000*	.842	.036	.233	5.767

→ ここを見る

「ペアごとの比較」の表を見ると、「コーヒー － 緑茶」の間および「紅茶 － 緑茶」の間において有意確率の値が0.05未満であるので、これらの組み合わせの間の評価値の差が5%水準で有意であると判断します。

2.8.5 飲み物の種類の要因ごとの単純主効果の検定

データファイルの分割、そして分析操作のやり方は、2.8.4節と同じだよ。「飲み物の種類」と「お菓子の種類」とを、互いに読み替えて操作してみてね！
ここでは、単純主効果の結果の読み取り方から説明するよ。

単純主効果の検定の結果は、「一変量の分散分析」の部分に、飲み物の種類の水準ごとに分かれて出力されます。すなわち、以下の図の「飲み物の種類＝コーヒー」「飲み物の種類＝紅茶」「飲み物の種類＝緑茶」の3ヵ所に出力されます。

意外と知られていないんだけど、左のタイトルリストの中の項目をマウスでクリックすると、右の画面に、その項目の内容が表示されるんだよ！

この単純主効果の検定の結果の出力では、よく似た表が表示されるので、間違ってしまうかもしれないね。
わからなくなってしまった場合は、
この左のタイトルリストをクリックして移動してね！

出力された結果から、飲み物の種類の水準ごとにお菓子の種類によって軽食の評価値に差があるかどうかをみていきましょう。以下の「被験者間効果の検定」の表が、コーヒーにおけるお菓子の種類の単純主効果の検定結果を示しています。

 結果1 コーヒーにおけるお菓子の種類の単純主効果の検定結果

被験者間効果の検定

従属変数: 評価値

ソース		タイプIII平方和	自由度	平均平方	F値	有意確率
切片	仮説	144.500	1	144.500	96.333	.002
	誤差	4.500	3	1.500[b]		
被験者	仮説	4.500	3	1.500	.900	.533
	誤差	5.000	3	1.667[c]		
お菓子の種類	仮説	8.000	1	8.000	4.800	.116 ←ここを見る
	誤差	5.000	3	1.667[c]		

上の「被験者間効果の検定」の表において、「お菓子の種類」の行の1番右の列にある「有意確率」の値と5%の有意水準0.05を比較し、お菓子の種類の要因が有意か有意でないかを判断します。

　　有意確率の値が「0.05 以上」　→　有意ではない

　　有意確率の値が「0.05 未満」　→　5%水準で有意

上の表では、お菓子の種類の有意確率の値は0.116です。この値は0.05以上であるので、コーヒーにおけるお菓子の種類の単純主効果が有意とは認められませんでした。

お菓子の種類の単純主効果が有意ではなかったので、お菓子の種類の水準間の多重比較の結果を確認する必要はありません。なお、多重比較の結果は以下の「ペアごとの比較」の表に示されています。以下の表の有意確率の値を見ると、和菓子 – 洋菓子の間で有意な差は認められません。

ペアごとの比較

従属変数: 評価値

(I) お菓子の種類	(J) お菓子の種類	平均値の差 (I-J)	標準誤差	有意確率[b]	95% 平均差信頼区間[b]	
					下限	上限
洋菓子	和菓子	2.000	.913	.116	-.905	4.905
和菓子	洋菓子	-2.000	.913	.116	-4.905	.905

例題8　2要因被験者内分散分析 〜交互作用あり〜　133

続いて、紅茶の場合の結果も確認しましょう。以下の「被験者間効果の検定」の表が、紅茶におけるお菓子の種類の単純主効果の検定結果を示しています。

結果2　紅茶におけるお菓子の種類の単純主効果の検定結果

被験者間効果の検定

従属変数：評価値

ソース		タイプ III 平方和	自由度	平均平方	F 値	有意確率
切片	仮説	242.000	1	242.000	726.000	.000
	誤差	1.000	3	.333^b		
被験者	仮説	1.000	3	.333	.111	.948
	誤差	9.000	3	3.000^c		
お菓子の種類	仮説	8.000	1	8.000	2.667	.201
	誤差	9.000	3	3.000^c		

←ここを見る

上の「被験者間効果の検定」の表において、「お菓子の種類」の行の1番右の列にある「有意確率」の値と5%の有意水準0.05を比較し、お菓子の種類の要因が有意か有意でないかを判断します。

　　有意確率の値が「0.05 以上」　→　有意ではない
　　有意確率の値が「0.05 未満」　→　5%水準で有意

上の表では、お菓子の種類の有意確率の値は0.201です。この値は0.05以上であるので、紅茶におけるお菓子の種類の単純主効果が有意とは認められませんでした。

お菓子の種類の単純主効果が有意ではなかったので、お菓子の種類の水準間の多重比較の結果を確認する必要はありません。なお、多重比較の結果は以下の「ペアごとの比較」の表に示されています。以下の表の有意確率の値を見ると、和菓子 – 洋菓子の間で有意な差は認められません。

ペアごとの比較

従属変数：評価値

(I) お菓子の種類	(J) お菓子の種類	平均値の差 (I-J)	標準誤差	有意確率^b	95% 平均差信頼区間^b	
					下限	上限
洋菓子	和菓子	2.000	1.225	.201	-1.898	5.898
和菓子	洋菓子	-2.000	1.225	.201	-5.898	1.898

続いて、緑茶の場合の結果も確認しましょう。以下の「被験者間効果の検定」の表が、緑茶におけるお菓子の種類の単純主効果の検定結果を示しています。

 結果3　緑茶におけるお菓子の種類の単純主効果の検定結果

被験者間効果の検定

従属変数：評価値

ソース		タイプIII平方和	自由度	平均平方	F値	有意確率
切片	仮説	276.125	1	276.125	88.360	.003
	誤差	9.375	3	3.125^b		
被験者	仮説	9.375	3	3.125	3.947	.145
	誤差	2.375	3	.792^c		
お菓子の種類	仮説	21.125	1	21.125	26.684	.014
	誤差	2.375	3	.792^c		

上の「被験者間効果の検定」の表において、「お菓子の種類」の行の1番右の列にある「有意確率」の値と5%の有意水準0.05を比較し、お菓子の種類の要因が有意か有意でないかを判断します。

　　有意確率の値が「0.05以上」　→　有意ではない
　　有意確率の値が「0.05未満」　→　5%水準で有意

上の表では、お菓子の種類の有意確率の値は0.014です。この値は0.05未満であるので、緑茶におけるお菓子の種類の単純主効果が5%水準で有意であると判断します。

なお、この例題のように、お菓子の種類の要因の単純主効果が有意であり、かつその要因が2水準である場合には、水準間の多重比較検定をする必要はありません。なぜならば、単純主効果検定の結果自体が、その要因の2つの水準間に差があることを意味しているからです。実際に多重比較の結果（以下の「ペアごとの比較」の表）を見ても、和菓子 − 洋菓子の間で有意となっています。

ペアごとの比較

従属変数：評価値

(I) お菓子の種類	(J) お菓子の種類	平均値の差 (I-J)	標準誤差	有意確率^c	95% 平均差信頼区間^c	
					下限	上限
洋菓子	和菓子	-3.250*	.629	.014	-5.252	-1.248
和菓子	洋菓子	3.250*	.629	.014	1.248	5.252

2要因被験者内分散分析の結果の書き方の例

軽食に対する評価値に関して、お菓子の種類および飲み物の種類を要因とする2要因被験者内分散分析を行ったところ、お菓子の種類と飲み物の種類の交互作用が有意であった [$F(2, 6) = 11.92, p < .01$]。そこで、飲み物の種類の要因の各水準において飲み物の種類の単純主効果検定を行ったところ、緑茶条件でお菓子の種類の単純主効果が有意となった [$F(1, 3) = 26.68, p < .05$]。しかし、コーヒー条件でも紅茶条件でも、お菓子の種類の単純主効果は有意ではなかった [コーヒー：$F(1, 3) = 4.80, ns$, 紅茶：$F(1, 3) = 2.67, ns$]。（以下略）

結果の数値の表記について

ソース		タイプIII平方和	自由度	平均平方	F値	有意確率
お菓子の種類	仮説	.375	1	.375	.158	.718
	誤差	7.125	3	2.375[c]		
飲み物の種類	仮説	11.583	2	5.792	2.527	.160
	誤差	13.750	6	2.292[e]		
お菓子の種類 * 飲み物の種類	仮説	36.750	2	18.375	11.919	.008
	誤差	9.250	6	1.542[d]		

結果の数値の表記のポイント

● **交互作用**

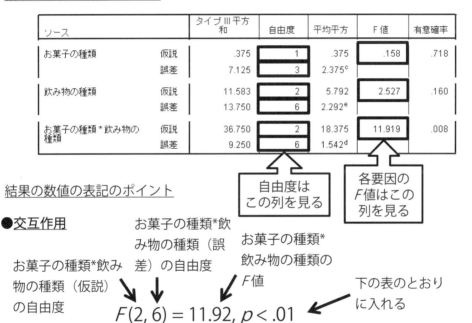

$$F(2, 6) = 11.92, p < .01$$

5%水準で有意 →	$p < .05$
1%水準で有意 →	$p < .01$
0.1%水準で有意 →	$p < .001$
有意ではない →	ns

● **お菓子の種類の主効果**

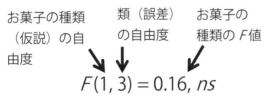

$$F(1, 3) = 0.16, ns$$

● **飲み物の種類の主効果**

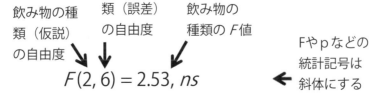

$$F(2, 6) = 2.53, ns$$

Fやpなどの統計記号は斜体にする

【参考】 2要因被験者内分散分析　分散分析表の作り方

論文やレポートなどに分散分析表を載せる場合は、SPSSの結果の表をそのまま転載するのではなく、「被験者間効果の検定」の表から必要な項目を読み取って、分散分析表を作成します。

被験者間効果の検定

従属変数: 評価値

ソース		タイプIII 平方和	自由度	平均平方	F 値	有意確率
切片	仮説	651.042	1	651.042	1736.111	.000
	誤差	1.125	3	.375[a]		
被験者	仮説	1.125	3	.375	.120	.943
	誤差	9.683	3.099	3.125[b]		
お菓子の種類	仮説	.375	1	.375	.158	.718
	誤差	7.125	3	2.375[c]		
お菓子の種類 * 被験者	仮説	7.125	3	2.375	1.541	.298
	誤差	9.250	6	1.542[d]		
飲み物の種類	仮説	11.583	2	5.792	2.527	.160
	誤差	13.750	6	2.292[e]		
飲み物の種類 * 被験者	仮説	13.750	6	2.292	1.486	.321
	誤差	9.250	6	1.542[d]		
お菓子の種類 * 飲み物の種類	仮説	36.750	2	18.375	11.919	.008
	誤差	9.250	6	1.542[d]		

●分散分析表の具体例

Table 2.8.2
お菓子の種類および飲み物の種類を要因とする、軽食の評価値の2要因被験者内分散分析表

要因	平方和	自由度	平均平方	F 値
被験者	1.13	3		
お菓子の種類	0.38	1	0.38	0.16
誤差（お菓子の種類）	7.13	3	2.38	
飲み物の種類	11.58	2	5.79	2.53
誤差（飲み物の種類）	13.75	6	2.29	
お菓子の種類 × 飲み物の種類	36.75	2	18.38	11.92 **
誤差（お菓子の種類 × 飲み物の種類）	9.25	6	1.54	
全体	79.96	23		

** $p < .01$

【参考】 2要因被験者内分散分析　分散分析表の作り方

[分散分析表のタイトルを書く]

要因	平方和	自由度	平均平方	F値
被験者	被験者のタイプIII平方和	被験者の自由度		
要因1	要因1（仮説）のタイプIII平方和	要因1（仮説）の自由度	要因1（仮説）の平均平方	要因1のF値
誤差(要因1)	要因1（誤差）のタイプIII平方和	要因1（誤差）の自由度	要因1（誤差）の平均平方	
要因2	要因2（仮説）のタイプIII平方和	要因2（仮説）の自由度	要因2（仮説）の平均平方	要因2のF値
誤差(要因2)	要因2（誤差）のタイプIII平方和	要因2（誤差）の自由度	要因2（誤差）の平均平方	
要因1×要因2	要因1×要因2（仮説）のタイプIII平方和	要因1×要因2（仮説）の自由度	要因1×要因2（仮説）の平均平方	要因1×要因2のF値
誤差(要因1×要因2)	要因1×要因2（誤差）のタイプIII平方和	要因1×要因2（誤差）の自由度	要因1×要因2（誤差）の平均平方	
全体	タイプIII平方和の合計	自由度の合計		

【参考】 多重比較の結果の表の作り方

論文やレポートなどに多重比較の結果の表を載せる場合は、「ペアごとの比較」の表をそのまま転載するのではなく、どの水準間で有意差が認められ、どの水準間で有意差が認められなかったのかを判断し、該当する箇所にその結果を記号で書き入れた表を作成します。

ペアごとの比較

従属変数: 評価値

(I) 飲み物の種類	(J) 飲み物の種類	平均値の差 (I-J)	標準誤差	有意確率	下限	上限
コーヒー	紅茶	-1.250	.842	.564	-4.017	1.517
	緑茶	-4.250*	.842	.007	-7.017	-1.483
紅茶	コーヒー	1.250	.842	.564	-1.517	4.017
	緑茶	-3.000*	.842	.036	-5.767	-.233
緑茶	コーヒー	4.250*	.842	.007	1.483	7.017
	紅茶	3.000*	.842	.036	.233	5.767

ここを読み取り、有意差の有無を記号で結果の表に入れる

[多重比較の結果の表のタイトルを書く]

	水準1	水準2	水準3
水準1		水準1と水準2の間の結果	水準1と水準3の間の結果
水準2			水準2と水準3の間の結果
水準3			

情報が重複するので、ここには結果を書き入れない

有意差あり：
　* （5%水準）
　** （1%水準）
　*** （0.1%水準）
有意差なし：
　ns

●多重比較の結果の表の具体例

Table 2.8.3
和菓子の場合における、飲み物の種類の間の多重比較の結果

	コーヒー	紅茶	緑茶
コーヒー		*ns*	**
紅茶			*
緑茶			

p < .05, ** *p* < .01, *ns* : 有意差なし

2要因混合計画分散分析
～交互作用なし～

読書と映画鑑賞のどちらか一方が趣味の人を対象に、英語、国語、数学の3教科の学力テスト（各教科100点満点）を受けてもらった。読書と映画鑑賞が趣味の人はそれぞれ4名であった。被験者ごとの各テストの得点をTable 2.9.1に示す。趣味と学力テストの得点との関係について検討せよ。

Table 2.9.1
学力テストの得点（点）

被験者	趣味	教科		
		英語	国語	数学
Oさん	映画鑑賞	89	75	82
Pさん		93	68	72
Qさん		71	81	61
Rさん		88	91	64
Sさん	読書	90	90	80
Tさん		70	89	56
Uさん		85	69	68
Vさん		73	84	69

本をたくさん読んでいるほうがテストの得点が高いのかな？

2.9.1 データの入力と設定

第1の要因である趣味の2水準にそれぞれ異なる被験者が割り当てられており、各被験者は第2の要因である教科の3水準すべてのテストを受けています。よって、このデータの分析には「2要因混合計画分散分析」を用います。

データは、下の左図のように、被験者ごとに被験者間要因（例題9では趣味）と被験者内要因（例題9では教科）を縦に並べます。Excelのデータファイルでは、下の右図のように、A列に被験者、B列に第1の要因（趣味）の各水準名、C列に第2の要因（教科）の各水準名をそれぞれ**全角文字**で、D列にテストの得点を**半角数字**で入力します。

被験者	要因A	要因B	計測値
Oさん	A水準1	B水準1	Oさん A1B1 データ
Oさん	A水準1	B水準2	Oさん A1B2 データ
Oさん	A水準1	B水準3	Oさん A1B3 データ
Pさん	A水準1	B水準1	Pさん A1B1 データ
Pさん	A水準1	B水準2	Pさん A1B2 データ
Pさん	A水準1	B水準3	Pさん A1B3 データ
Sさん	A水準2	B水準1	Sさん A2B1 データ
Sさん	A水準2	B水準2	Sさん A2B2 データ
Sさん	A水準2	B水準3	Sさん A2B3 データ
:	:	:	:

	A	B	C	D
1	被験者	趣味	教科	得点
2	Oさん	映画鑑賞	英語	89
3	Oさん	映画鑑賞	国語	75
4	Oさん	映画鑑賞	数学	82
5	Pさん	映画鑑賞	英語	93
6	Pさん	映画鑑賞	国語	68
7	Pさん	映画鑑賞	数学	72
8	Qさん	映画鑑賞	英語	71
9	Qさん	映画鑑賞	国語	81
10	Qさん	映画鑑賞	数学	61
11	Rさん	映画鑑賞	英語	88
12	Rさん	映画鑑賞	国語	91
13	Rさん	映画鑑賞	数学	64
14	Sさん	読書	英語	90
15	Sさん	読書	国語	90
16	Sさん	読書	数学	80
17	Tさん	読書	英語	70
18	Tさん	読書	国語	89
19	Tさん	読書	数学	56

手順1 データビューの画面で、Excelファイルからデータを読み込みます。

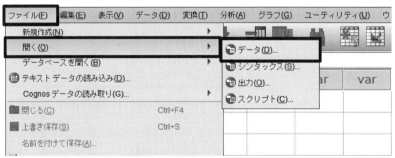

Excelファイルからのデータの読み込み方については、8ページの説明を見てね！

例題9　2要因混合計画分散分析 〜交互作用なし〜　141

ExcelのデータがSPSSに読み込まれると、データビューの画面に被験者と2つの要因の各水準名、およびそのデータが表示されます。

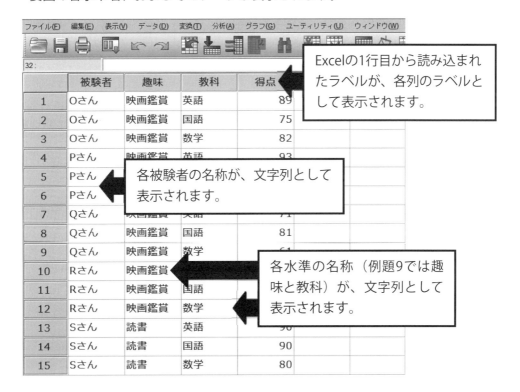

手順2　変数ビューのタブを選ぶと、データビューでの各列の内容が表示されます。以下のように各項目を変更しましょう。

2.9.2 分析操作

変数とデータの入力が終わったら、データを分析するための操作を行います。

 手順1 上のメニューバーから、[分析]→[一般線型モデル]→[1変量]を選択します。

 手順2 「1変量」ウインドウで、各変数の設定を行います。

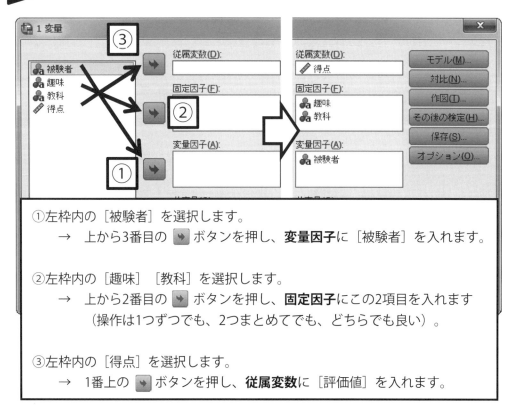

①左枠内の[被験者]を選択します。
　→　上から3番目の ➡ ボタンを押し、**変量因子**に[被験者]を入れます。

②左枠内の[趣味][教科]を選択します。
　→　上から2番目の ➡ ボタンを押し、**固定因子**にこの2項目を入れます
　　　（操作は1つずつでも、2つまとめてでも、どちらでも良い）。

③左枠内の[得点]を選択します。
　→　1番上の ➡ ボタンを押し、**従属変数**に[評価値]を入れます。

変数の設定を終えたら、「1変量」ウインドウの右側にある［モデル］ボタンを押します。

「1変量：モデル」ウインドウで、分析を行う変数を設定します。
「モデルの指定」枠では、すでに［すべての因子による］にチェックが入っています。これを［ユーザー指定］に変更します。

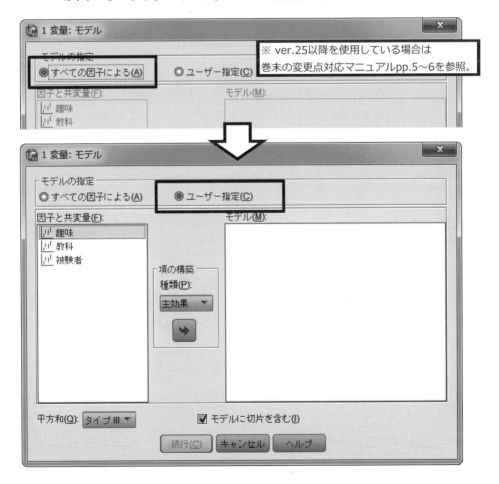

「1変量：モデル」ウインドウで、分析を行う変数を設定します。

（1）　① 左の「因子と共変量」枠内の［被験者］を選択します。
　　　② 中央の「項の構築」内のリストから［主効果］を選択します。
　　　③ リストの下の ➡ ボタンを押し、右の「モデル」枠に［被験者］を入れます。

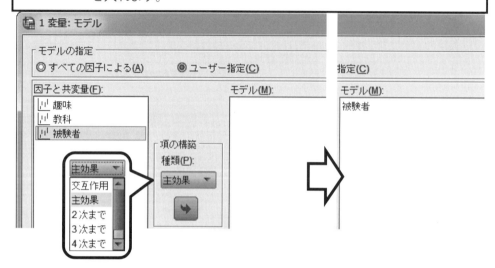

（2）　① 左の「因子と共変量」枠内の［趣味］を選択します。
　　　② 中央の「項の構築」内のリストから［主効果］を選択します。
　　　③ リストの下の ➡ ボタンを押し、右の「モデル」枠に［趣味］を入れます。

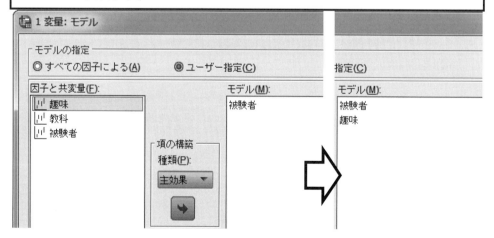

（3）　① 左の「因子と共変量」枠内の［教科］を選択します。
　　　　② 中央の「項の構築」内のリストから［主効果］を選択します。
　　　　③ リストの下の ➡ ボタンを押し、右の「モデル」枠に［教科］を入れます。

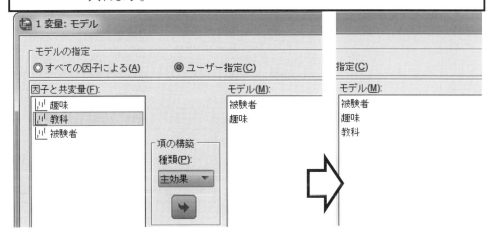

（4）　① 左の「因子と共変量」枠内の［趣味］と［教科］の**両方を同時に**選択します。
　　　　② 中央の「項の構築」内のリストから［交互作用］を選択します。
　　　　③ リストの下の ➡ ボタンを押し、右の「モデル」枠に［趣味*教科］を入れます。

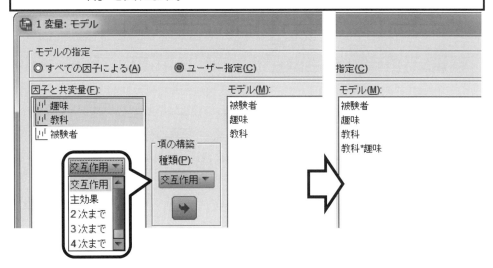

（5）　［続行］ボタンを押すと、「1変量」ウインドウに戻ります。

146　第2章　SPSSによる統計的検定の方法

手順4　「1変量」ウインドウに戻ったら、ウインドウの右側にある［その後の検定］ボタンを押します。

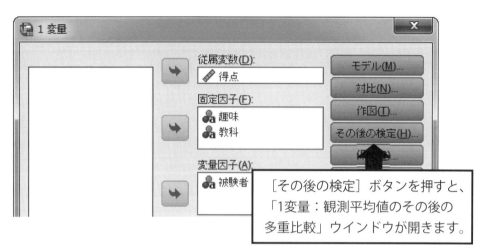

［その後の検定］ボタンを押すと、「1変量：観測平均値のその後の多重比較」ウインドウが開きます。

手順5　「1変量：観測平均値のその後の多重比較」ウインドウで、以下の①～②の手順によって多重比較の手続きの設定を行います。

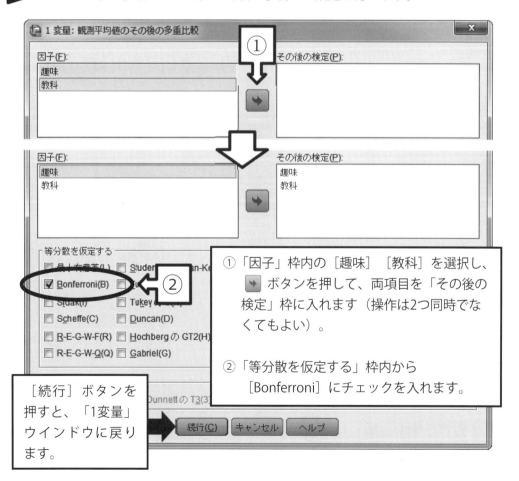

① 「因子」枠内の［趣味］［教科］を選択し、→ボタンを押して、両項目を「その後の検定」枠に入れます（操作は2つ同時でなくてもよい）。

② 「等分散を仮定する」枠内から［Bonferroni］にチェックを入れます。

［続行］ボタンを押すと、「1変量」ウインドウに戻ります。

例題9 2要因混合計画分散分析 ～交互作用なし～ 147

> 169ページから移動してきた場合、すなわち2要因混合計画分散分析を行った結果、主効果が有意になった場合は、以下の手順6からやり直してください（手順5までは同じです）。

2要因混合計画分散分析の場合、SPSSでは、多重比較の検定という下位検定を、画面上のマウス操作だけでは正しく実行できません。そこで、シンタックス・エディタを使ってシンタックス（テキスト形式のプログラム）の命令を書き換えることで、多重比較の検定を実行します。

手順6 「1変量」ウインドウに戻ったら、下の［貼り付け］ボタンを押し、シンタックス・エディタを起動します。

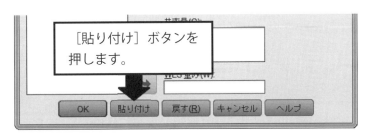

> シンタックス・エディタでの2要因混合計画分散分析（交互作用なしの場合）のやり方は、211ページを見てね！

手順7 実験デザインに関するシンタックス（下図では8行目）において、「被験者」の後ろに ( ) 付きで被験者間要因である「趣味」を入れて、以下のように書き換えます。

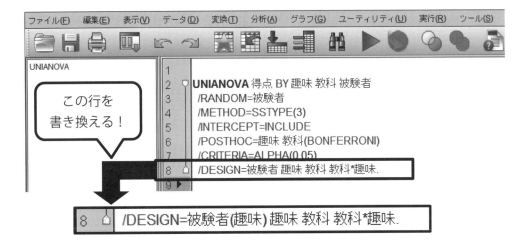

多重比較に関するシンタックス（下図では6行目）を、各要因に対して多重比較の検定を行う命令（囲みの2行）に書き換えます。

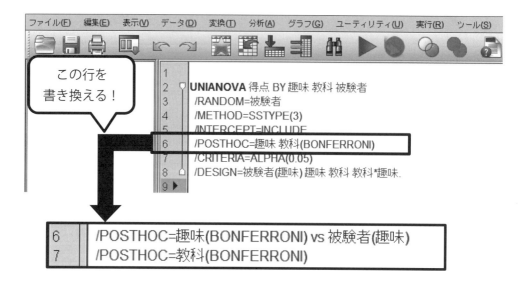

上の行は、被験者(趣味)の平均平方の値を誤差項に使って、
趣味の水準間の多重比較を行う命令だよ。
下の行は、趣味*教科の誤差の平均平方の値を誤差項に使って、
教科の水準間の多重比較を行う命令だよ。

以上を書き換えたら、シンタックス・エディタのメニューから［実行］→［すべて］を選択し、シンタックスを実行します。

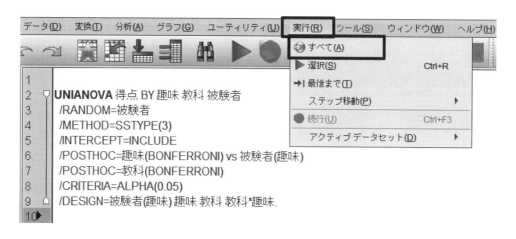

2.9.3 結果の読み取り

17ページの2要因分散分析の流れに沿って、出力された結果から、被験者の趣味および教科によって学力テストの得点に差があるかどうかをみていきましょう。以下の「被験者間効果の検定」の表が、2要因混合計画分散分析の結果を示しています。

被験者間効果の検定

従属変数: 得点

ソース		タイプⅢ平方和	自由度	平均平方	F値	有意確率
切片	仮説	143840.167	1	143840.167	1384.928	.000
	誤差	623.167	6	103.861[a]		
被験者(趣味)	仮説	623.167	6	103.861	1.182	.378
	誤差	1054.833	12	87.903[b]		
趣味	仮説	6.000	1	6.000	.058	.818
	誤差	623.167	6	103.861[a]		
教科	仮説	859.083	2	429.542	4.887	.028
	誤差	1054.833	12	87.903[b]		
趣味*教科	仮説	100.750	2	50.375	.573	.578
	誤差	1054.833	12	87.903[b]		

17ページの流れ図に示したように、2要因分散分析では、2つの要因の交互作用が有意かどうかによって、その次からの分析のやり方が変わってくるよ！まず趣味と教科の交互作用の結果を確認しよう！

結果1 <u>趣味と教科の交互作用の結果</u>

被験者間効果の検定

従属変数:得点

ソース		タイプⅢ平方和	自由度	平均平方	F値	有意確率
趣味*教科	仮説	100.750	2	50.375	.573	**.578**
	誤差	1054.833	12	87.903[b]		

← ここを見る

最初に、上の「被験者間効果の検定」の表において、趣味と教科の交互作用が有意であるかどうかを確認します。「趣味*教科（仮説）」の行において、1番右の列の「有意確率」の値と5%の有意水準0.05を比較し、交互作用が有意か有意でないかを判断します。

　　　有意確率の値が「0.05 以上」　→　有意ではない

　　　有意確率の値が「0.05 未満」　→　5％水準で有意

●<u>趣味×教科の交互作用</u>

　　「趣味*教科」の行の有意確率　0.578 > 0.05　→　有意ではない

ここでストップ！

17ページの流れ図に示したように、交互作用が有意かどうかによって、その次からの分析のやり方が変わってくるよ！

- 交互作用が有意となった　　→　164ページへ
- 交互作用が有意ではなく、主効果が有意だった　→　結果2の説明を読もう
- 交互作用も主効果も有意ではなかった　→　分析終了 153ページへ

2要因混合計画分散分析をやってみたら交互作用が有意となった場合は、164ページに移動して、単純主効果の検定についての説明を読んでね！

結果2　趣味および教科の主効果の結果

交互作用が有意ではなかったので、趣味および教科の主効果を確認します。「被験者間効果の検定」の表において、「趣味（仮説）」の行および「教科（仮説）」の行の、1番右の列の「有意確率」の値と有意水準0.05とを比較し、各主効果が有意か有意でないかを判断します。

被験者間効果の検定

従属変数:得点

ソース		タイプIII平方和	自由度	平均平方	F値	有意確率	
趣味	仮説	6.000	1	6.000	.058	.818	①ここを見る
	誤差	623.167	6	103.861[a]			
教科	仮説	859.083	2	429.542	4.887	.028	②ここを見る
	誤差	1054.833	12	87.903[b]			

●①趣味の主効果

「趣味（仮説）」の行の有意確率　0.818 > 0.05　→　有意ではない

●②教科の主効果

「教科（仮説）」の行の有意確率　**0.028 < 0.05**　→　**有意**

以上の結果より、教科の主効果のみが有意であると判断します。

ここからは、2要因混合計画分散分析の結果、交互作用が有意にならず、かつ少なくとも1つの要因の主効果が有意になった場合の、多重比較検定のやり方について説明するよ！

2要因混合計画分散分析を行ったところ、教科の主効果が有意となりました。主効果が有意となった場合、どの水準間に有意な差があるかをみるために、多重比較の検定を行います。

多重比較の結果は「その後の検定」の部分に示されています。下図では、「その後の検定 #2」として「教科」に関する多重比較の結果が表示されています。

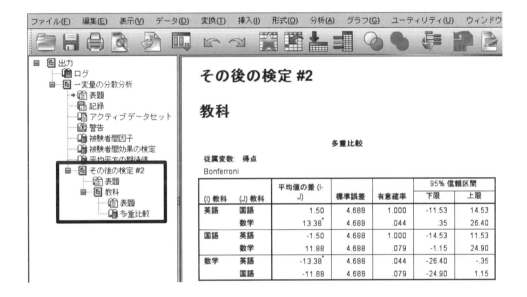

意外と知られていないんだけど、左のタイトルリストの中の項目をマウスでクリックすると、右の画面に、その項目の内容が表示されるんだよ！

「その後の検定」では、水準が3水準未満の場合は多重比較の検定を実行しないため、結果の出力画面に下のような説明が表示されます。「趣味」の結果はみる必要はありません。なぜならば、「趣味」の要因は2水準であるため、分散分析の主効果の結果自体が、その要因の2つの水準間に差があることを意味しているからです。

警告
グループが3つ未満しかないため、趣味に対してはその後の検定は実行されません。

一方、「教科」の要因は3水準であるので、多重比較の結果を確認する必要があります。

結果3　教科間の多重比較の結果

「その後の検定 #2」の出力の中の「多重比較」の表の右から3列目に、教科の間のテストの得点の平均値の差に対応する有意確率が示されています。

(注) 水準名が同じ組み合わせ（たとえば「英語 − 数学」と「数学 − 英語」）の場合には、同じ結果が示されています。

多重比較

従属変数: 得点
Bonferroni

(I) 教科	(J) 教科	平均値の差 (I-J)	標準誤差	有意確率	95% 信頼区間 下限	95% 信頼区間 上限
英語	国語	1.50	4.688	1.000	-11.53	14.53
	数学	13.38*	4.688	.044	.35	26.40
国語	英語	-1.50	4.688	1.000	-14.53	11.53
	数学	11.88	4.688	.079	-1.15	24.90
数学	英語	-13.38*	4.688	.044	-26.40	-.35
	国語	-11.88	4.688	.079	-24.90	1.15

（↑ ここを見る：有意確率）

これらの有意確率の値を、5%の有意水準0.05と比較し、教科間におけるテストの得点の平均値の差が有意か有意でないかを判断します。

　　　有意確率の値が「0.05 以上」　→　有意ではない
　　　有意確率の値が「0.05 未満」　→　5%水準で有意

「多重比較」の表において、3通りの教科の組み合わせのうち英語と数学の間において、有意確率の値が0.05未満であるので、5%水準で有意と判断します。すなわち、英語と数学の学力テストの得点の間には有意な差があることが認められました。

　　英語 − 国語 間の有意確率　1.000 > 0.05　→　有意ではない
　　英語 − 数学 間の有意確率　**0.044 < 0.05**　→　**有意**
　　国語 − 数学 間の有意確率　0.079 > 0.05　→　有意ではない

例題9　2要因混合計画分散分析　〜交互作用なし〜　153

2要因混合計画分散分析の結果の書き方の例

学力テストの得点に関して、被験者の趣味および教科を要因とする2要因混合計画分散分析を行ったところ、趣味と教科の交互作用は有意ではなく [$F(2, 12) = 0.57$, ns]、趣味の主効果も有意ではなかった [$F(1, 6) = 0.06$, ns]。一方、教科の主効果が有意であった [$F(2, 12) = 4.89$, $p < .05$]。教科間の得点の差について、Bonferroni法による多重比較を行ったところ、英語と数学の得点の間に有意差が認められた（$p < .05$）。しかし、英語と国語、国語と数学の得点の間には有意差は認められなかった。

結果の数値の表記について

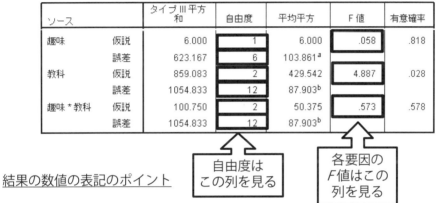

結果の数値の表記のポイント

● **交互作用**

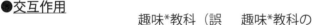

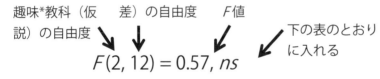

$$F(2, 12) = 0.57, ns$$

● **趣味の主効果**

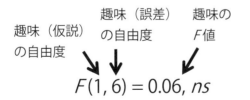

$$F(1, 6) = 0.06, ns$$

5%水準で有意　→　$p < .05$
1%水準で有意　→　$p < .01$
0.1%水準で有意　→　$p < .001$
有意ではない　→　ns

● **教科の主効果**

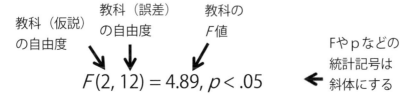

$$F(2, 12) = 4.89, p < .05$$

Fやpなどの統計記号は斜体にする

【参考】 2要因混合計画分散分析　分散分析表の作り方

論文やレポートなどに分散分析表を載せる場合は、SPSSの結果から必要な項目を読み取って、分散分析表を作成します。

[分散分析表のタイトルを書く]

要因	平方和	自由度	平均平方	F値
〔要因1（被験者間要因）の名称〕	被験者間要因のタイプⅢ平方和	被験者間要因の自由度	被験者間要因の平均平方	被験者間要因のF値
誤差（要因1）	被験者間要因の誤差のタイプⅢ平方和	被験者間要因の誤差の自由度	被験者間要因の誤差の平均平方	
〔要因2（被験者内要因）の名称〕	被験者内要因のタイプⅢ平方和	被験者内要因の自由度	被験者内要因の平均平方	被験者内要因のF値
〔要因1の名称×要因2の名称〕	被験者間要因×被験者内要因のタイプⅢ平方和	被験者間要因×被験者内要因の自由度	被験者間要因×被験者内要因の平均平方	被験者間要因×被験者内要因のF値
誤差（被験者内要因と交互作用）	被験者内要因と交互作用の誤差のタイプⅢ平方和	被験者内要因と交互作用の誤差の自由度	被験者内要因と交互作用の誤差の平均平方	
全体	タイプⅢ平方和の合計	自由度の合計		

●分散分析表の具体例

Table 2.9.2
趣味および教科を要因とする、テストの得点の2要因混合計画分散分析表

要因	平方和	自由度	平均平方	F値
趣味	6.00	1	6.00	0.06
誤差（趣味）	623.17	6	103.86	
教科	859.08	2	429.54	4.89 *
趣味 × 教科	100.75	2	50.38	0.57
誤差（教科 × 誤差（趣味））	1054.83	12	87.90	
全体	2643.83	23		

* $p < .05$

例題9　2要因混合計画分散分析 〜交互作用なし〜　155

【参考】 多重比較の結果の表の作り方

論文やレポートなどに多重比較の結果の表を載せる場合は、「多重比較」の表をそのまま転載するのではなく、どの水準間で有意差が認められ、どの水準間で有意差が認められなかったのかを判断し、該当する箇所にその結果を記号で書き入れた表を作成します。

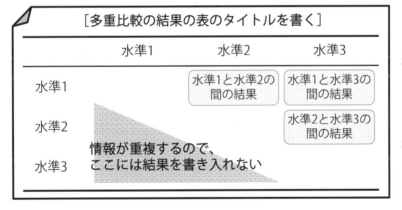

●多重比較の結果の表の具体例

Table 2.9.3
教科間の多重比較の結果

	英語	国語	数学
英語		ns	*
国語			ns
数学			

*p＜.05，ns：有意差なし

2要因混合計画分散分析
～交互作用あり～

幼児の言語発達の過程を調べるために、女児、男児各5名を調査対象として、1歳、1歳半、2歳の各年齢での調査期間内に発した言葉を数えた。その結果をTable 2.10.1に示す。幼児の性別および年齢と発する言葉の数の関係について検討せよ。

Table 2.10.1
調査期間内に発した言葉の数（個）

被験者	性別	年齢		
		1歳	1歳半	2歳
Oちゃん	女児	14	21	29
Pちゃん		12	13	26
Qちゃん		18	21	35
Rちゃん		25	26	29
Sちゃん		14	15	32
Tちゃん	男児	11	12	13
Uちゃん		22	24	25
Vちゃん		17	19	17
Wちゃん		8	14	23
Xちゃん		12	10	16

子どもの言語発達は、特に個人差が大きいんだって！

2.10.1 データの入力と設定

第1の要因である性別の2水準にそれぞれ異なる被験者が割り当てられており、各被験者は第2の要因である年齢の3水準すべてで言葉の数が測定されています。ゆえに、このデータの分析には「2要因混合計画分散分析」を用います。

データは、下の左図のように、被験者ごとに被験者間要因（例題10では性別）と被験者内要因（例題10では年齢）を縦に並べます。Excelのデータファイルでは、下の右図のように、A列に被験者、B列に第1の要因（性別）の各水準名、C列に第2の要因（年齢）の各水準名をそれぞれ**全角文字**で、D列に言葉の数を**半角数字**で入力します。

被験者	要因A	要因B	計測値
Oちゃん	A水準1	B水準1	OちゃんA1B1 データ
Oちゃん	A水準1	B水準2	OちゃんA1B2 データ
Oちゃん	A水準1	B水準3	OちゃんA1B3 データ
Pちゃん	A水準1	B水準1	PちゃんA1B1 データ
Pちゃん	A水準1	B水準2	PちゃんA1B2 データ
Pちゃん	A水準1	B水準3	PちゃんA1B3 データ
Sちゃん	A水準2	B水準1	SちゃんA2B1 データ
Sちゃん	A水準2	B水準2	SちゃんA2B2 データ
Sちゃん	A水準2	B水準3	SちゃんA2B3 データ
:	:	:	:

	A	B	C	D
1	被験者	性別	年齢	言葉の数
2	Oちゃん	女児	1歳	14
3	Oちゃん	女児	1歳半	21
4	Oちゃん	女児	2歳	29
5	Pちゃん	女児	1歳	12
6	Pちゃん	女児	1歳半	13
7	Pちゃん	女児	2歳	26
8	Qちゃん	女児	1歳	18
9	Qちゃん	女児	1歳半	21
10	Qちゃん	女児	2歳	35
11	Rちゃん	女児	1歳	25
12	Rちゃん	女児	1歳半	26
13	Rちゃん	女児	2歳	29
14	Sちゃん	女児	1歳	14
15	Sちゃん	女児	1歳半	15
16	Sちゃん	女児	2歳	32
17	Tちゃん	男児	1歳	11
18	Tちゃん	男児	1歳半	12
19	Tちゃん	男児	2歳	13

手順1 データビューの画面で、Excelファイルからデータを読み込みます。

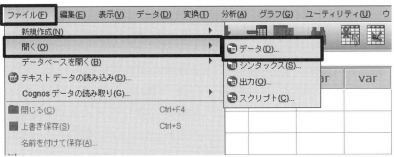

Excelファイルからのデータの読み込み方については、8ページの説明を見てね！

ExcelのデータがSPSSに読み込まれると、データビューの画面に被験者と2つの要因の各水準名、およびそのデータが表示されます。

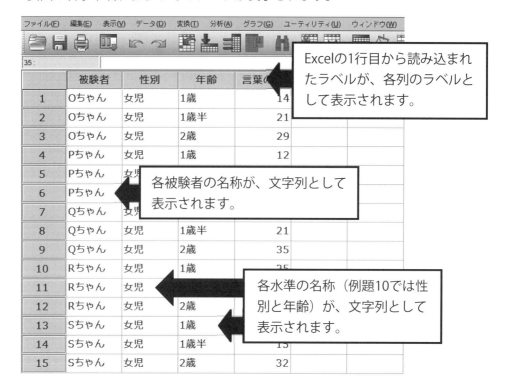

Excelの1行目から読み込まれたラベルが、各列のラベルとして表示されます。

各被験者の名称が、文字列として表示されます。

各水準の名称（例題10では性別と年齢）が、文字列として表示されます。

手順2 変数ビューの設定画面に、データビューでの各列の内容が表示されます。以下のように各項目を変更しましょう。

データの小数点以下の桁数を選択できます。例題10の言葉の数のデータは整数（小数点以下の桁数がゼロ）なので、［0］（ゼロ）とします。

尺度が不明となっている場合は、尺度の水準を選択します。
例題10では、被験者、性別、年齢の尺度を［名義］とし、言葉の数の尺度を［スケール］とします。

例題10　2要因混合計画分散分析　～交互作用あり～　159

2.10.2　分析操作

変数とデータの入力が終わったら、データを分析するための操作を行います。

手順1　　上のメニューバーから、［分析］→［一般線型モデル］→［1変量］を選択します。

手順2　　「1変量」ウインドウで、各変数の設定を行います。

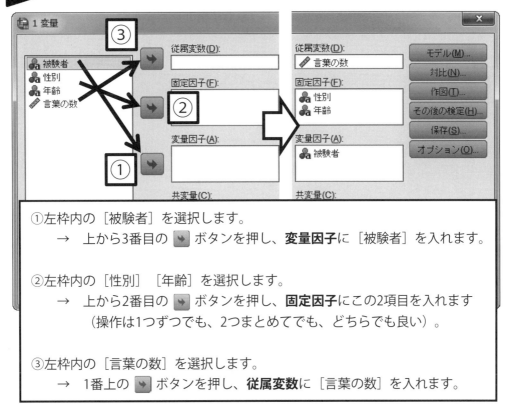

①左枠内の［被験者］を選択します。
　→　上から3番目の ➡ ボタンを押し、**変量因子**に［被験者］を入れます。

②左枠内の［性別］［年齢］を選択します。
　→　上から2番目の ➡ ボタンを押し、**固定因子**にこの2項目を入れます
　　（操作は1つずつでも、2つまとめてでも、どちらでも良い）。

③左枠内の［言葉の数］を選択します。
　→　1番上の ➡ ボタンを押し、**従属変数**に［言葉の数］を入れます。

160　第2章　SPSSによる統計的検定の方法

変数の設定を終えたら、「1変量」ウインドウの右側にある［モデル］ボタンを押します。

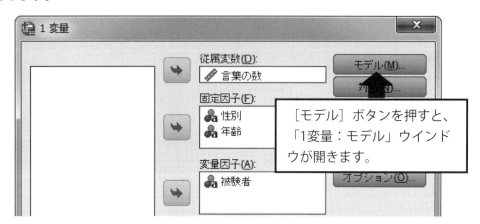

「1変量：モデル」ウインドウで、分析を行う変数を設定します。
「モデルの指定」枠では、すでに［すべての因子による］にチェックが入っています。これを［ユーザー指定］に変更します。

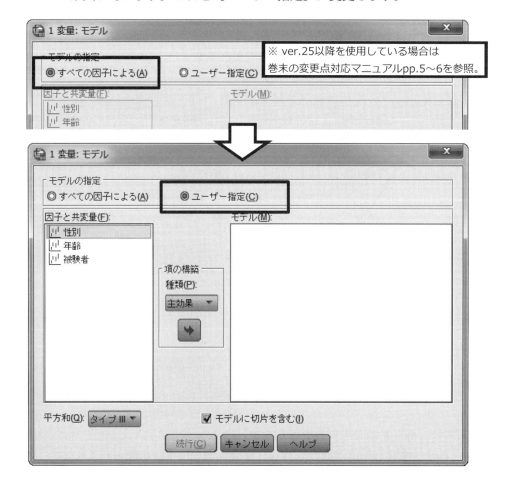

例題10　2要因混合計画分散分析 〜交互作用あり〜　161

「1変量：モデル」ウインドウで、分析を行う変数を設定します。

（1）　① 左の「因子と共変量」枠内の［被験者］を選択します。
　　　② 中央の「項の構築」内のリストから［主効果］を選択します。
　　　③ リストの下の ▶ ボタンを押し、右の「モデル」枠に［被験者］を入れます。

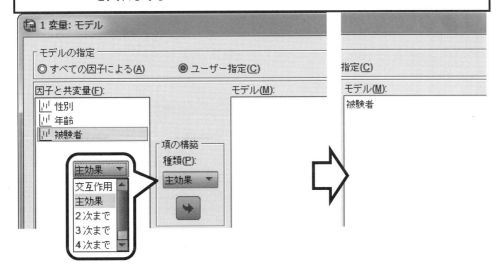

（2）　① 左の「因子と共変量」枠内の［性別］を選択します。
　　　② 中央の「項の構築」内のリストから［主効果］を選択します。
　　　③ リストの下の ▶ ボタンを押し、右の「モデル」枠に［性別］を入れます。

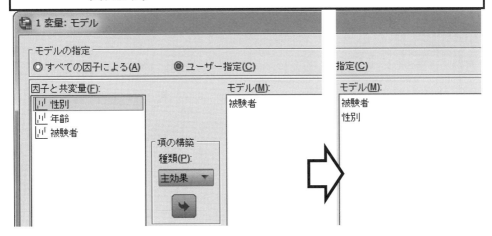

(3) ① 左の「因子と共変量」枠内の［年齢］を選択します。
② 中央の「項の構築」内のリストから［主効果］を選択します。
③ リストの下の ➡ ボタンを押し、右の「モデル」枠に［年齢］を入れます。

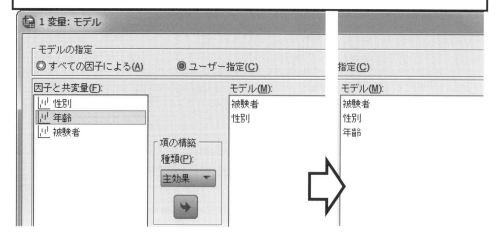

(4) ① 左の「因子と共変量」枠内の［性別］と［年齢］の**両方を同時に**選択します。
② 中央の「項の構築」内のリストから［交互作用］を選択します。
③ リストの下の ➡ ボタンを押し、右の「モデル」枠に［年齢*性別］を入れます。

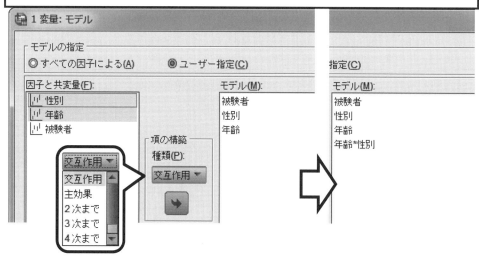

(5) ［続行］ボタンを押すと、「1変量」ウインドウに戻ります。

例題10　2要因混合計画分散分析　〜交互作用あり〜　163

手順4
　「1変量」ウインドウに戻ったら、ウインドウの右側にある［その後の検定］ボタンを押します。

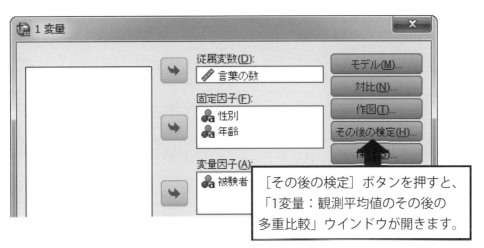

［その後の検定］ボタンを押すと、「1変量：観測平均値のその後の多重比較」ウインドウが開きます。

手順5
　「1変量：観測平均値のその後の多重比較」ウインドウで、以下の①〜②の手順によって多重比較の手続きの設定を行います。

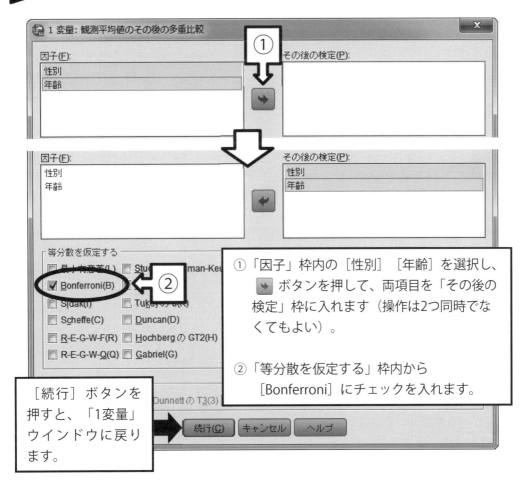

① 「因子」枠内の［性別］［年齢］を選択し、■ボタンを押して、両項目を「その後の検定」枠に入れます（操作は2つ同時でなくてもよい）。

② 「等分散を仮定する」枠内から［Bonferroni］にチェックを入れます。

［続行］ボタンを押すと、「1変量」ウインドウに戻ります。

150 ページから移動してきた場合、すなわち2要因混合計画分散分析を行った結果、交互作用が有意になった場合は、以下の手順6からやり直してください（手順5までは同じ）。

手順6 「1変量」ウインドウに戻ったら、ウインドウの右側にある［オプション］ボタンを押します。

※ ver.25以降を使用している場合は巻末の変更点対応マニュアルpp.2～4を参照。

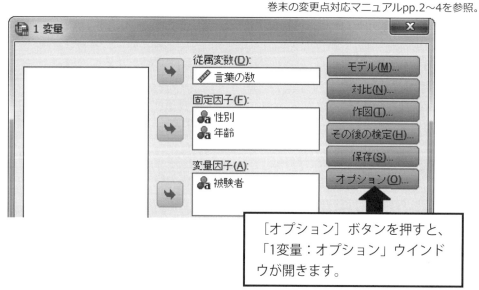

［オプション］ボタンを押すと、「1変量：オプション」ウインドウが開きます。

手順7 「1変量：オプション」ウインドウで、「因子と交互作用」枠内の［年齢 * 性別］を選択し、→ ボタンを押して「平均値の表示」枠に入れます。

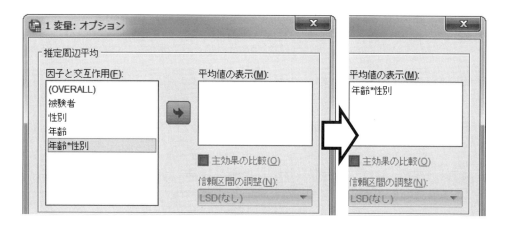

例題10　2要因混合計画分散分析　～交互作用あり～　165

手順8　「1変量：オプション」ウインドウでは、分散分析以外の集計や検定を設定することも可能です。たとえば「表示」枠の中から［記述統計］にチェックを入れると、平均値や標準偏差の値が記載された「記述統計量」の表が出力に追加されます。
設定を終えたら、下の［続行］ボタンを押します。

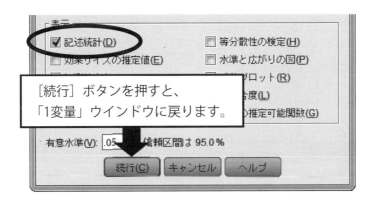

［続行］ボタンを押すと、「1変量」ウインドウに戻ります。

2要因混合計画分散分析の場合、SPSSでは、これ以降の検定を、画面上のマウス操作だけでは正しく実行できません。そこで、シンタックス・エディタを使ってシンタックス（テキスト形式のプログラム）の命令を書き換えることで、これ以降の検定を実行します。

手順9　「1変量」ウインドウに戻ったら、下の［貼り付け］ボタンを押し、シンタックス・エディタを起動します。

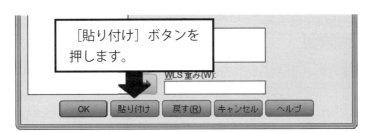

［貼り付け］ボタンを押します。

シンタックス・エディタでの2要因混合計画分散分析（交互作用ありの場合）のやり方は、212ページを見てね！

実験デザインに関するシンタックス（下図では9行目）において、「被験者」の後ろに（ ）付きで被験者間要因である「性別」を入れて、以下のように書き換えます。

多重比較に関するシンタックス（下図では6行目）を、各要因に対して多重比較の検定を行う命令（囲みの2行）に書き換えます。

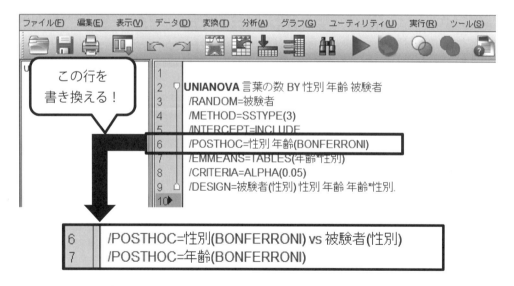

上の行は、被験者(性別)の平均平方の値を誤差項に使って、**性別の水準間の多重比較を行う命令**だよ。
下の行は、年齢*性別の誤差の平均平方の値を誤差項に使って、**年齢の水準間の多重比較を行う命令**だよ。

交互作用に関するシンタックス（下図では8行目）を、単純主効果の検定を行う命令（囲みの行）に書き換えます。

趣味*教科の誤差の平均平方の値を誤差項に使って、**年齢ごとに女児と男児の間（性別間）の単純主効果検定**を行う命令だよ。

以上を書き換えたら、シンタックス・エディタのメニューから［実行］→［すべて］を選択し、シンタックスを実行します。

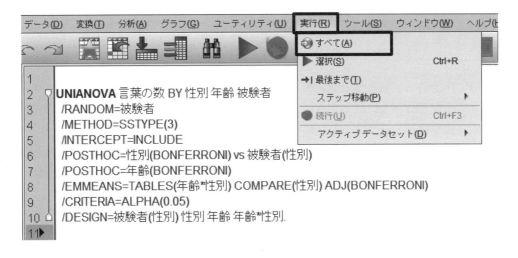

2.10.3 2要因混合計画分散分析の結果の読み取り

17ページの2要因分散分析の流れに沿って、出力された結果から、被験者の性別および年齢によって発した言葉の数に差があるかどうかをみていきましょう。
以下の「被験者間効果の検定」の表が、2要因混合計画分散分析の結果を示しています。

被験者間効果の検定

従属変数: 言葉の数

ソース		タイプIII 平方和	自由度	平均平方	F値	有意確率
切片	仮説	10944.300	1	10944.300	199.108	.000
	誤差	439.733	8	54.967^a		
被験者(性別)	仮説	439.733	8	54.967	5.035	.003
	誤差	174.667	16	10.917^b		
性別	仮説	252.300	1	252.300	4.590	.065
	誤差	439.733	8	54.967^a		
年齢	仮説	461.600	2	230.800	21.142	.000
	誤差	174.667	16	10.917^b		
性別 * 年齢	仮説	118.400	2	59.200	5.423	.016
	誤差	174.667	16	10.917^b		

17ページの流れ図に示したように、2要因分散分析では、2つの要因の交互作用が有意かどうかによって、分析のやり方が変わってくるよ！
まず性別と年齢の交互作用の結果を確認しよう！

結果1 性別と年齢の交互作用の結果

被験者間効果の検定

従属変数: 言葉の数

ソース		タイプIII 平方和	自由度	平均平方	F値	有意確率
性別 * 年齢	仮説	118.400	2	59.200	5.423	.016
	誤差	174.667	16	10.917^b		

ここを見る

最初に、上の「被験者間効果の検定」の表において、性別と年齢の交互作用が有意であるかどうかを確認します。「性別*年齢（仮説）」の行において、1番右の列の「有意確率」の値と5%の有意水準0.05を比較し、交互作用が有意か有意でないかを判断します。

　　　有意確率の値が「0.05 以上」 → 有意ではない

　　　有意確率の値が「0.05 未満」 → 5%水準で有意

● 性別 × 年齢の交互作用

　「性別*年齢」の行の有意確率　**0.016 < 0.05**　→　**有意**

例題10　2要因混合計画分散分析　〜交互作用あり〜　169

ここでストップ！
17ページの流れ図に示したように、交互作用が有意かどうかによって、その次からの分析のやり方が変わってくるよ！

交互作用が有意となった	➡	下の説明へ
交互作用が有意ではなく、主効果が有意だった	➡	147ページへ
交互作用も主効果も有意ではなかった	➡	分析終了 182ページへ

2要因混合計画分散分析の結果、交互作用が有意ではなくても、主効果が有意ならば、ここまでの手順は無駄にはならないよ！147ページに移動して、手順6以降の操作からやり直してね！

以上の結果より、性別と年齢の交互作用が5%水準で有意と判断します。交互作用が有意であったので、前ページの「被験者間効果の検定」の表の、性別の主効果ならびに年齢の主効果の検定結果を採用せずに、単純主効果の検定を行います。

単純主効果については、以下の2つの場合の検定を行います。

年齢ごとに、性別の単純主効果を検定します

　1歳　の場合に、女児と男児の間に言葉数の差があるか
　1歳半の場合に、女児と男児の間に言葉数の差があるか　➡ 次のページからの説明を読もう
　2歳　の場合に、女児と男児の間に言葉数の差があるか

性別ごとに、年齢の単純主効果を検定しています

　女児の場合に、年齢により言葉の数が変化するか　➡ 172ページへ
　男児の場合に、年齢により言葉の数が変化するか

2.10.4 年齢の水準ごとの性別の単純主効果の検定結果の読み取り

単純主効果の検定のうち、年齢ごとの性別の単純主効果の検定を行います。すなわち、1歳、1歳半、2歳という被験者の年齢ごとに、女児と男児の間で発した言葉の数に差があるかどうかを検定します。この検定の操作はすでに終わっており、出力されている結果を読み取ります。

年齢ごとの性別の単純主効果の検定の結果は、「推定周辺平均」の部分、すなわち、以下の図の「年齢＊性別」の部分に出力されます。

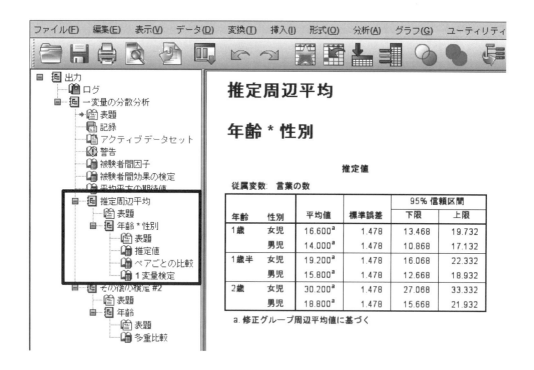

意外と知られていないんだけど、左のタイトルリストの中の項目をマウスでクリックすると、右の画面に、その項目の内容が表示されるんだよ！

なお「推定周辺平均」の下には、「その後の検定」という名称で、各要因の水準間の多重比較の結果も出力されています。しかし、2要因混合計画分散分析で交互作用が有意であった場合には、これらを結果として採用しません。

例題10　2要因混合計画分散分析　〜交互作用あり〜　171

結果2　「年齢＊性別」の出力の中の「1変量検定」（下の表）に、年齢ごとに分けた場合の、性別の単純主効果の有意確率が示されています。

1変量検定

従属変数:　言葉の数

年齢		平方和	自由度	平均平方	F値	有意確率
1歳	対比	16.900	1	16.900	1.548	.231
	誤差	174.667	16	10.917		
1歳半	対比	28.900	1	28.900	2.647	.123
	誤差	174.667	16	10.917		
2歳	対比	324.900	1	324.900	29.762	.000
	誤差	174.667	16	10.917		

ここを見る

表の1番右の列にある「有意確率」の値と有意水準0.05とを比較し、各年齢における性別の単純主効果（すなわち女児と男児の間の、発する言葉の数の差）が、統計的に有意か有意でないかを判断します。

　　有意確率の値が「0.05以上」　→　有意ではない

　　有意確率の値が「0.05未満」　→　5%水準で有意

上の「1変量検定」の表において、2歳のみで有意確率の値が0.05未満です。よって、2歳における性別の単純主効果が5%水準で有意であると判断します。

　1歳　の場合の女児-男児間の有意確率　0.231　＞　0.05　→　有意ではない

　1歳半の場合の女児-男児間の有意確率　0.123　＞　0.05　→　有意ではない

　2歳　の場合の女児-男児間の有意確率　**0.000　＜　0.05　→　有意**

なお、この例題のように、性別の要因の単純主効果が有意であり、かつその要因が2水準である場合には、水準間の多重比較検定をする必要はありません。なぜならば、単純主効果検定の結果自体が、その要因の2つの水準間に差があることを意味しているからです。実際に多重比較の結果（以下の「ペアごとの比較」の表）を見ても、2歳の場合のみで有意となっています。

ペアごとの比較

従属変数:　言葉の数

年齢	(I) 性別	(J) 性別	平均値の差 (I-J)	標準誤差	有意確率[d]	95% 平均差信頼区間[d]	
						下限	上限
1歳	女児	男児	2.600[a,b]	2.090	.231	-1.830	7.030
	男児	女児	-2.600[a,b]	2.090	.231	-7.030	1.830
1歳半	女児	男児	3.400[a,b]	2.090	.123	-1.030	7.830
	男児	女児	-3.400[a,b]	2.090	.123	-7.830	1.030
2歳	女児	男児	11.400[a,b,*]	2.090	.000	6.970	15.830
	男児	女児	-11.400[a,b,*]	2.090	.000	-15.830	-6.970

ここを見る

2.10.5 性別の水準ごとの年齢の単純主効果の検定

1．データファイルの分割

性別の要因の水準（女児、男児）ごとに年齢の単純主効果の検定を行うために、156ページのデータを分割します。

手順1 上のメニューバーから、［データ］→［ファイルの分割］を選択します。

手順2 「ファイルの分割」ウインドウで、以下の①〜③の手順によって、データ分割の設定を行います。

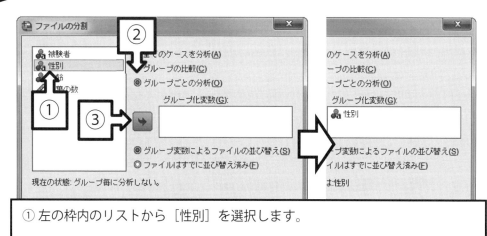

① 左の枠内のリストから［性別］を選択します。

②［グループごとの分析］を選択します。

③ ボタンを押し、「グループ化変数」枠に［性別］を入れます。

例題10　2要因混合計画分散分析　～交互作用あり～　173

下の5つのボタンのうち1番左の［OK］ボタンを押し、分割を実行します。

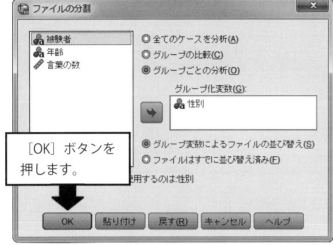

［OK］ボタンを押します。

なお、「ファイルの分割」ウインドウで、最初の状態で「グループ変数によるファイルの並び替え」が選択されているので（上の図参照）、ファイルの分割の実行後、元のデータが、性別の水準ごとに並び替わります。しかし、2要因混合計画分散分析ではデータ入力時にすでに性別ごとに分けて並べているため、データの並びに変更は生じません。

被験者	性別	年齢	言葉の数
Oちゃん	女児	1歳	14
Oちゃん	女児	1歳半	21
Oちゃん	女児	2歳	29
Pちゃん	女児	1歳	12
Pちゃん	女児	1歳半	13
Pちゃん	女児	2歳	26
Qちゃん	女児	1歳	18
Qちゃん	女児	1歳半	21
Qちゃん	女児	2歳	35
Rちゃん	女児	1歳	25
Rちゃん	女児	1歳半	26
Rちゃん	女児	2歳	29
Sちゃん	女児	1歳	14
Sちゃん	女児	1歳半	15
Sちゃん	女児	2歳	32
Tちゃん	男児	1歳	11
Tちゃん	男児	1歳半	12
Tちゃん	男児	2歳	13
Uちゃん	男児	1歳	22
Uちゃん	男児	1歳半	24
Uちゃん	男児	2歳	25
Vちゃん	男児	1歳	17
Vちゃん	男児	1歳半	19
Vちゃん	男児	2歳	17

被験者	性別	年齢	言葉の数
Oちゃん	女児	1歳	14
Oちゃん	女児	1歳半	21
Oちゃん	女児	2歳	29
Pちゃん	女児	1歳	12
Pちゃん	女児	1歳半	13
Pちゃん	女児	2歳	26
Qちゃん	女児	1歳	18
Qちゃん	女児	1歳半	21
Qちゃん	女児	2歳	35
Rちゃん	女児	1歳	25
Rちゃん	女児	1歳半	26
Rちゃん	女児	2歳	29
Sちゃん	女児	1歳	14
Sちゃん	女児	1歳半	15
Sちゃん	女児	2歳	32
Tちゃん	男児	1歳	11
Tちゃん	男児	1歳半	12
Tちゃん	男児	2歳	13
Uちゃん	男児	1歳	22
Uちゃん	男児	1歳半	24
Uちゃん	男児	2歳	25
Vちゃん	男児	1歳	17
Vちゃん	男児	1歳半	19
Vちゃん	男児	2歳	17

2．分析操作

データファイルの分割が終わったら、データを分析するための操作を行います。

手順1　上のメニューバーから、［分析］→［一般線型モデル］→［1変量］を選択します。

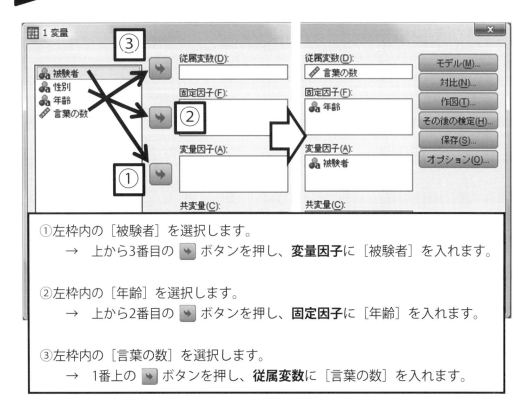

手順2　「1変量」ウインドウで、各変数の設定を行います。

①左枠内の［被験者］を選択します。
　→　上から3番目の ⮕ ボタンを押し、**変量因子**に［被験者］を入れます。

②左枠内の［年齢］を選択します。
　→　上から2番目の ⮕ ボタンを押し、**固定因子**に［年齢］を入れます。

③左枠内の［言葉の数］を選択します。
　→　1番上の ⮕ ボタンを押し、**従属変数**に［言葉の数］を入れます。

例題10　2要因混合計画分散分析 〜交互作用あり〜　175

変数の設定を終えたら、「1変量」ウインドウの右側にある［モデル］ボタンを押します。

［モデル］ボタンを押すと、「1変量：モデル」ウインドウが開きます。

手順3　「1変量：モデル」ウインドウで、分析を行う変数を設定します。
「モデルの指定」枠では、すでに［すべての因子による］にチェックが入っています。これを［ユーザー指定］に変更します。

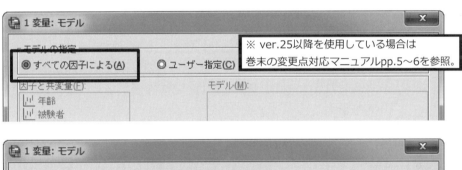

※ ver.25以降を使用している場合は巻末の変更点対応マニュアルpp.5〜6を参照。

さらに「1変量：モデル」ウインドウで、以下のとおり変数を設定します。

（1） ① 左の「因子と共変量」枠内の［被験者］を選択します。
② 中央の「項の構築」内のリストから［主効果］を選択します。
③ リストの下の ➡ ボタンを押し、右の「モデル」枠に［被験者］を入れます。

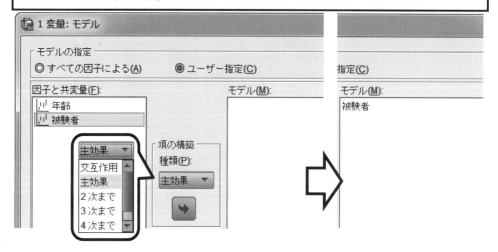

（2） ① 左の「因子と共変量」枠内の［年齢］を選択します。
② 中央の「項の構築」内のリストから［主効果］を選択します。
③ リストの下の ➡ ボタンを押し、右の「モデル」枠に［年齢］を入れます。

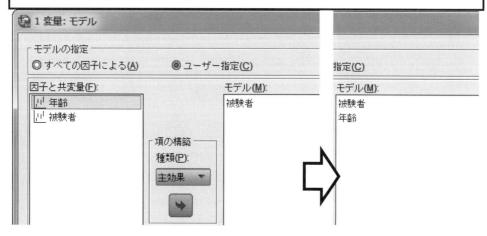

（3） ［続行］ボタンを押すと、「1変量」ウインドウに戻ります。

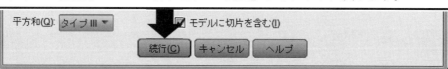

例題10　2要因混合計画分散分析　〜交互作用あり〜　177

手順4　「1変量」ウインドウに戻ったら、ウインドウの右側にある［オプション］ボタンを押します。

※ ver.25以降を使用している場合は巻末の変更点対応マニュアルpp.2〜4を参照。

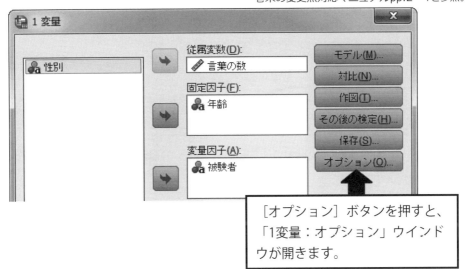

［オプション］ボタンを押すと、「1変量：オプション」ウインドウが開きます。

手順5　「1変量：オプション」ウインドウで、以下の①〜③の手順によって多重比較の設定を行います。

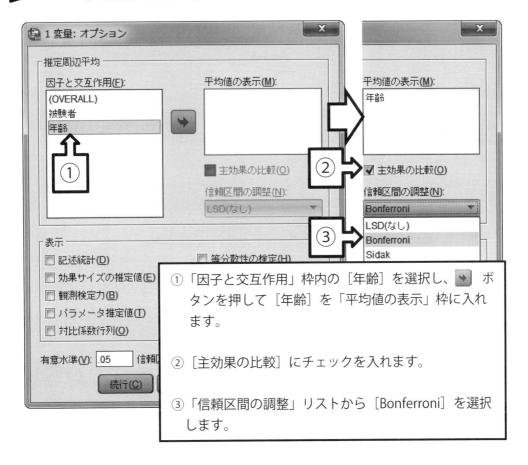

① 「因子と交互作用」枠内の［年齢］を選択し、　ボタンを押して［年齢］を「平均値の表示」枠に入れます。

② ［主効果の比較］にチェックを入れます。

③ 「信頼区間の調整」リストから［Bonferroni］を選択します。

手順6 「1変量：オプション」ウインドウでは、分散分析以外の集計や検定を設定することも可能です。たとえば「表示」枠の中から［記述統計］にチェックを入れると、平均値や標準偏差の値が記載された「記述統計量」の表が出力に追加されます。
設定を終えたら、下の［続行］ボタンを押します。

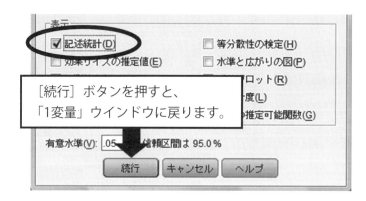

［続行］ボタンを押すと、「1変量」ウインドウに戻ります。

手順7 「1変量」ウインドウに戻ったら、下の5つのボタンのうち1番左の［OK］ボタンを押し、分析を実行します。

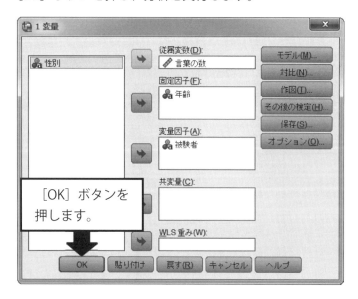

［OK］ボタンを押します。

なお、左から2番目の［貼り付け］ボタンを押すと、ここまでの設定内容が、シンタックス（テキスト形式のプログラム）として書き出されます。このシンタックスを、シンタックス・エディタで編集して、分析を実行することも可能です。

シンタックス・エディタでの単純主効果検定のやり方は、1要因被験者内分散分析（205ページ）と同じだよ！

3．単純主効果の結果の読み取り

単純主効果の検定の結果は、「一変量の分散分析」の部分に、性別の水準ごとに分かれて出力されます。すなわち、以下の図の「性別 = 女児」と「性別 = 男児」の2ヵ所に出力されます。

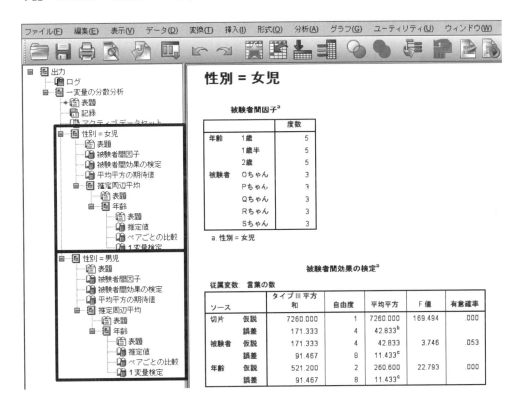

意外と知られていないんだけど、左のタイトルリストの中の項目をマウスでクリックすると、右の画面に、その項目の内容が表示されるんだよ！

この単純主効果の検定の結果の出力では、よく似た表が表示されるので、間違ってしまうかもしれないね。
わからなくなってしまった場合は、
この左のタイトルリストをクリックして移動してね！

出力された結果から、性別の水準ごとに年齢によって発した言葉の数に差があるかどうかをみていきましょう。以下の「被験者間効果の検定」の表が、女児における飲み物の種類の単純主効果の検定結果を示しています。

 結果1　女児における年齢の単純主効果の検定結果

被験者間効果の検定

従属変数: 言葉の数

ソース		タイプIII平方和	自由度	平均平方	F値	有意確率
切片	仮説	7260.000	1	7260.000	169.494	.000
	誤差	171.333	4	42.833[b]		
被験者	仮説	171.333	4	42.833	3.746	.053
	誤差	91.467	8	11.433[c]		
年齢	仮説	521.200	2	260.600	22.793	.000
	誤差	91.467	8	11.433[c]		

←ここを見る

上の「被験者間効果の検定」の表において、「年齢」の行の1番右の列にある「有意確率」の値と5％の有意水準0.05を比較し、年齢の要因が有意か有意でないかを判断します。

　　　有意確率の値が「0.05 以上」　→　有意ではない

　　　有意確率の値が「0.05 未満」　→　5％水準で有意

上の表では、年齢の有意確率の値は0.000です。この値は0.05未満であるので、女児における年齢の単純主効果が5％水準で有意であると判断します。

以上の単純主効果の検定から、女児の場合に年齢の単純主効果が有意となったので、さらに多重比較を行って、どの年齢の間に有意な差があるのかを調べます。多重比較の結果は、以下の「ペアごとの比較」の表に示されています。

ペアごとの比較

ここを見る↓

従属変数: 言葉の数

(I) 年齢	(J) 年齢	平均値の差 (I-J)	標準誤差	有意確率[c]	95% 平均差信頼区間[c]	
					下限	上限
1歳	1歳半	-2.600	2.139	.776	-9.049	3.849
	2歳	-13.600*	2.139	.001	-20.049	-7.151
1歳半	1歳	2.600	2.139	.776	-3.849	9.049
	2歳	-11.000*	2.139	.003	-17.449	-4.551
2歳	1歳	13.600*	2.139	.001	7.151	20.049
	1歳半	11.000*	2.139	.003	4.551	17.449

「ペアごとの比較」の表を見ると、「1歳 − 2歳」の間および「1歳半 − 2歳」の間において有意確率の値が0.05未満であるので、これらの組み合わせの間の言葉の数の差が5％水準で有意であると判断します。

続いて、男児の場合の結果も確認しましょう。以下の「被験者間効果の検定」の表が、男児における年齢の単純主効果の検定結果を示しています。

結果2　男児における年齢の単純主効果の検定結果

被験者間効果の検定

従属変数: 言葉の数

ソース		タイプIII 平方和	自由度	平均平方	F 値	有意確率
切片	仮説	3936.600	1	3936.600	58.668	.002
	誤差	268.400	4	67.100[b]		
被験者	仮説	268.400	4	67.100	6.452	.013
	誤差	83.200	8	10.400[c]		
年齢	仮説	58.800	2	29.400	2.827	.118
	誤差	83.200	8	10.400[c]		

（ここを見る → .118）

上の「被験者間効果の検定」の表において、「年齢」の行の1番右の列にある「有意確率」の値と5%の有意水準0.05を比較し、年齢の要因が有意か有意でないかを判断します。

　　有意確率の値が「0.05 以上」　→　有意ではない

　　有意確率の値が「0.05 未満」　→　5%水準で有意

上の表では、年齢の有意確率の値は0.118です。この値は0.05以上であるので、男児における年齢の単純主効果が有意とは認められませんでした。

年齢の単純主効果が有意ではなかったので、年齢の水準間の多重比較の結果を確認する必要はありません。なお、多重比較の結果は以下の「ペアごとの比較」の表に示されています。以下の表の有意確率の値を見ると、どの年齢の組み合わせでも言葉の数の間に有意な差は認められません。

ペアごとの比較

従属変数: 言葉の数

(I) 年齢	(J) 年齢	平均値の差 (I-J)	標準誤差	有意確率[b]	95% 平均差信頼区間[b]	
					下限	上限
1歳	1歳半	-1.800	2.040	1.000	-7.951	4.351
	2歳	-4.800	2.040	.139	-10.951	1.351
1歳半	1歳	1.800	2.040	1.000	-4.351	7.951
	2歳	-3.000	2.040	.539	-9.151	3.151
2歳	1歳	4.800	2.040	.139	-1.351	10.951
	1歳半	3.000	2.040	.539	-3.151	9.151

2要因混合計画分散分析の結果の書き方の例

幼児が発した言葉の数に関して、性別および年齢を要因とする2要因混合計画分散分析を行ったところ、性別と年齢の交互作用が有意であった［$F(2, 16) = 5.42, p < .05$］。そこで、年齢の要因の各水準において単純主効果検定を行ったところ、2歳条件で性別の単純主効果が有意となった［$F(1, 16) = 29.76, p < .001$］。しかし、1歳条件と1歳半条件では、性別の単純主効果は有意ではなかった［1歳：$F(1, 16) = 1.55, ns$, 1歳半：$F(1, 16) = 2.65, ns$］。また、性別の要因の各水準において単純主効果検定を行ったところ、女児条件において年齢の単純主効果が…（以下略）

結果の数値の表記について

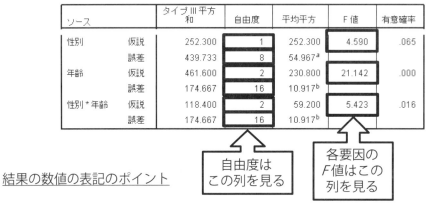

結果の数値の表記のポイント

● 交互作用

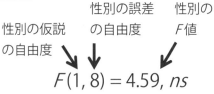

$$F(2, 16) = 5.42, p < .05$$

● 性別の主効果

5%水準で有意	→	$p < .05$
1%水準で有意	→	$p < .01$
0.1%水準で有意	→	$p < .001$
有意ではない	→	ns

$$F(1, 8) = 4.59, ns$$

● 年齢の主効果

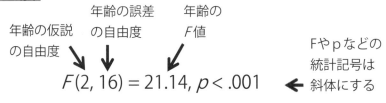

$$F(2, 16) = 21.14, p < .001$$

Fやpなどの統計記号は斜体にする

【参考】 2要因混合計画分散分析 分散分析表の作り方

論文やレポートなどに分散分析表を載せる場合は、SPSSの結果から必要な項目を読み取って、分散分析表を作成します。

［分散分析表のタイトルを書く］

要因	平方和	自由度	平均平方	F値
〔要因1（被験者間要因）の名称〕	被験者間要因のタイプIII平方和	被験者間要因の自由度	被験者間要因の平均平方	被験者間要因のF値
誤差（要因1）	被験者間要因の誤差のタイプIII平方和	被験者間要因の誤差の自由度	被験者間要因の誤差の平均平方	
〔要因2（被験者内要因）の名称〕	被験者内要因のタイプIII平方和	被験者内要因の自由度	被験者内要因の平均平方	被験者内要因のF値
〔要因1の名称×要因2の名称〕	被験者間要因×被験者内要因のタイプIII平方和	被験者間要因×被験者内要因の自由度	被験者間要因×被験者内要因の平均平方	被験者間要因×被験者内要因のF値
誤差（被験者内要因と交互作用）	被験者内要因と交互作用の誤差のタイプIII平方和	被験者内要因と交互作用の誤差の自由度	被験者内要因と交互作用の誤差の平均平方	
全体	タイプIII平方和の合計	自由度の合計		

●分散分析表の具体例

Table 2.10.2
幼児の性別および年齢を要因とする、言葉の数の2要因混合計画分散分析表

要因	平方和	自由度	平均平方	F値
性別	252.30	1	252.30	4.59
誤差（性別）	439.73	8	54.97	
年齢	461.60	2	230.80	21.14 ***
性別 × 年齢	118.40	2	59.20	5.42 *
誤差（年齢 × 誤差（性別））	174.67	16	10.92	
全体	1446.70	29		

* $p < .05$, *** $p < .001$

【参考】 多重比較の結果の表の作り方

論文やレポートなどに多重比較の結果の表を載せる場合は、「ペアごとの比較」の表をそのまま転載するのではなく、どの水準間で有意差が認められ、どの水準間で有意差が認められなかったのかを判断し、該当する箇所にその結果を記号で書き入れた表を作成します。

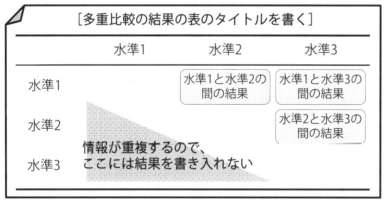

●多重比較の結果の表の具体例

Table 2.10.3
女児における年齢間の言葉数の多重比較の結果

	1歳	1歳半	2歳
1歳		*ns*	**
1歳半			**
2歳			

** *p* < .01, *ns*：有意差なし

第3章
コマンド・シンタックスによる分析方法

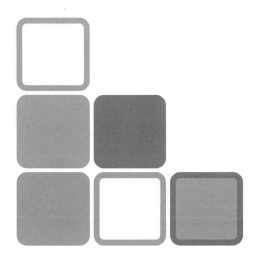

3.1 はじめに

SPSSの分析方法には、

(a) 画面上のボタンなどを操作して分析する方法
(b) コマンド・シンタックスを用いて分析する方法

の2種類があります。

(a) 画面上のボタンなどを操作して分析する方法

この方法は操作方法が直感的で分かりやすいという長所があります。しかし、操作ミスが起きやすく、同じ分析を複数のデータセットに対して繰り返し実行する場合には不向きであるという短所もあります。

3つの異なるデータに対してそれぞれ分散分析を行おうとすると、同じ操作を3回繰り返さなくちゃいけなくて、面倒なんだよね……

(b) コマンド・シンタックスを用いて分析する方法

この方法は(a)の方法とは対照的に、同じ分析を確実に繰り返し実行できるという長所があります。また分析手順をファイルに保存したり、それを読み込んで分析を実行したりすることもできます。しかし、分析に用いるコマンド・シンタックスについて、ある程度の知識が必要であるという短所もあります。

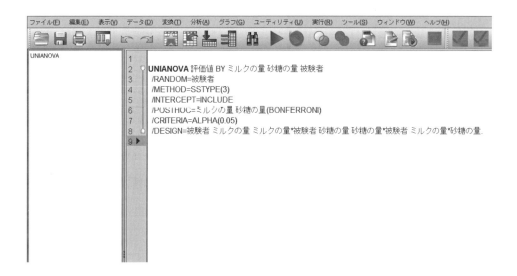

本書ではここまで、(a)の方法を説明してきました。しかし、(b)の方法も覚えておくと大変役に立ちます。また、**分析の種類によっては(a)の方法では正しい結果が得られないため、(b)の方法を併用する必要**があります。そこで、本章ではコマンド・シンタックスを用いた分析の方法について説明します。

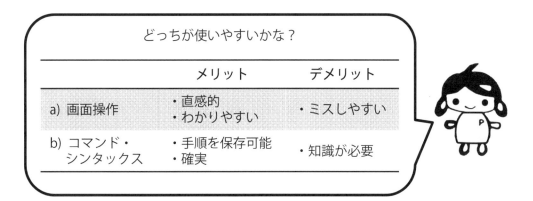

3.2 コマンド・シンタックスの記述ルール

コマンド・シンタックスの主な記述ルールは、以下のとおりです。

- コマンド・シンタックスは通常複数のコマンドで構成される。
- 各コマンドはコマンド名、**変数などのリスト**、**サブコマンド**および行末の「.」（半角ピリオド）で構成される。
- 各コマンドは新しい行から書く。
- コマンド名の直後に変数などのリストを書く。
- 変数などのリストの後に、「/」（半角スラッシュ）で始まる**サブコマンド**を書く。
  このサブコマンドでパラメータやオプションなどを指定できる。
- サブコマンドが複数ある場合、**その順序は任意**である。
- **大文字と小文字の区別はなく、どちらを用いてもよい。**

コマンド・シンタックス作成時の禁止事項は、以下のとおりです。

- 全角スペースは"絶対に"使用しないこと
- コマンドの途中でピリオドを書かないこと
- 1行の長さが256バイトを超えないこと

全角スペースがシンタックスの中に含まれていると、シンタックスを実行したときに、次の警告文が表示されて止まっちゃうんだよね。

```
警告
テキスト: 言葉の数 コマンド: UNIANOVA
標準変数のみが許可されている変数リストの中で、定義されていない変数名、あるいはスクラッチやシステム変数が指定されました。この変数の存在を確認とスペルの検査をしてください。
このコマンドの実行を停止します。
```

コマンド・シンタックスの記述ルール

コマンド・シンタックスの具体例を見てみよう！

下の例は7行にわたって書かれているけど、
SPSSはピリオド（.）までを1文だと認識するので
UNIANOVA　から　/DESIGN=学年．までが
1つのコマンド（命令）なんだ。

この「UNIANOVA」のように、文の冒頭に書く命令を「コマンド」と呼びます。

コマンド名の直後に変数などのリストを書きます。

「BY」で区切って、
BY の前には「従属変数」（この例では視力）を、
BY の後には「要因（因子）名」（この例では学年）を書きます。

```
UNIANOVA 視力 BY 学年
  /METHOD=SSTYPE(3)
  /INTERCEPT=INCLUDE
  /EMMEANS=TABLES(学年) COMPARE ADJ(BONFERRONI)
  /PRINT=DESCRIPTIVE
  /CRITERIA=ALPHA(.05)
  /DESIGN=学年.
```

コマンドの最後にだけピリオドをつけます。

変数などのリストに続いて、
「/EMMEANS」や「/DESIGN」などの、
半角スラッシュで始まる命令を書きます。
これを「サブコマンド」と呼びます。
サブコマンドの順序は任意です。

サブコマンドで、分析方法や分析パラメータの詳細を設定します。

3.3 コマンド・シンタックスの起動・作成・編集方法

コマンド・シンタックスは、SPSSのシンタックス・エディタ、あるいは任意のテキストエディタで作成・編集することができます。

(1) シンタックス・エディタでコマンド・シンタックスを直接作成する方法

データセット画面において、上のメニューバーから、［ファイル］→［新規作成］→［シンタックス］を選択し、シンタックス・エディタを起動します。

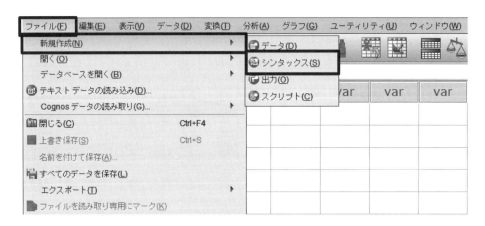

シンタックス・エディタが起動し、ウインドウが表示されます。

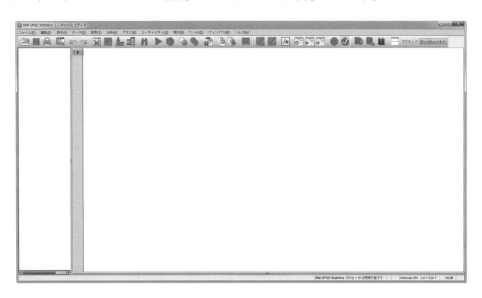

3.2節で説明した記述ルールに従って、シンタックス・エディタ画面にシンタックスを入力します。

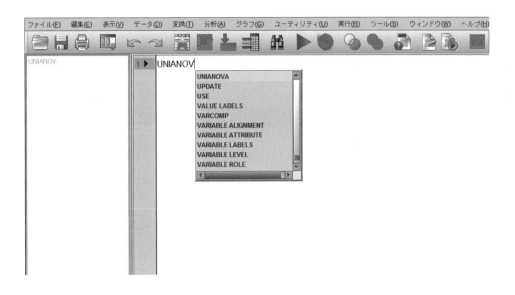

シンタックス入力に関するポイント

・シンタックスは複数行に分けて入力してもよい
・コマンドの最後の行の末尾にのみ、**半角**ピリオド（.）を付ける
・アルファベットは大文字でも小文字でもよい
・日本語使用可能、ただし<u>全角スペースだけは絶対に使用しない</u>

 分析に必要なコマンドやサブコマンドがわからない場合、各画面のヘルプから、SPSSのシンタックスに関する参考資料（マニュアル）を開くことができるよ。詳しくは、201ページを参照してね！

(2) 他のテキストエディタでシンタックスを作成する方法

他の任意のテキストエディタでシンタックスを作成し、それをシンタックス・エディタに貼り付けることができます。

手順1 任意のテキストエディタでシンタックスを作成します。

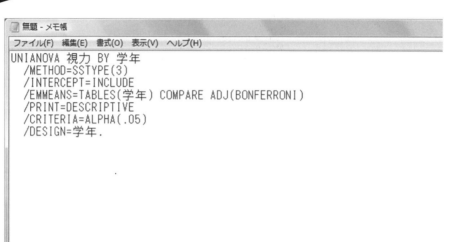

手順2 貼り付けたい部分を選択し、［編集］→［コピー］を選択します。

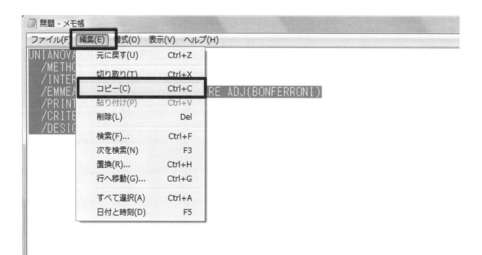

Windowsでは、［control］キーを押しながら［C］キーを押しても、コピーができるよ！

コマンドシンタックスの起動・作成・編集方法　193

　シンタックス・エディタを起動します（190ページの手順1を参照）。

　シンタックス・エディタ画面で、上のメニューバーから［編集］→［貼り付け］を選択します。

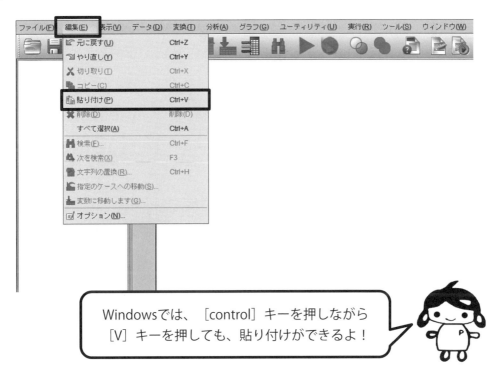

Windowsでは、［control］キーを押しながら［V］キーを押しても、貼り付けができるよ！

シンタックス・エディタにシンタックスが貼り付けられます。

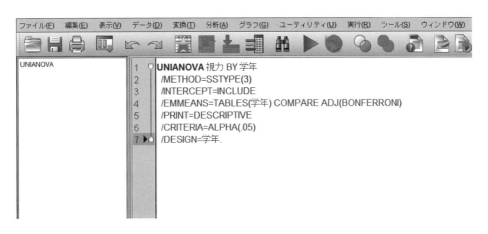

（3） ボタン操作で設定した分析手順をシンタックスとして入力する方法

画面上のボタン操作で設定した分析手順（第2章参照）を、シンタックスとしてシンタックス・エディタに入力することができます。ボタン操作による分析方法のうちのいくつかは、シンタックスで命令を追加したり修正したりする必要があるので、この方法を覚えておくと便利です。

画面上でのボタン操作によって設定したうえで、各ウインドウの下の［貼り付け］ボタンを押します。

［貼り付け］ボタンを押すと、シンタックス・エディタが起動します。

手順2　シンタックス・エディタにシンタックスが貼り付けられます。必要に応じてシンタックスを編集します。

コマンドシンタックスの起動・作成・編集方法　195

（4）　既存のシンタックスファイルからシンタックスを入力する方法

過去に行った分析方法を保存したシンタックスファイルがあれば、そのファイルからシンタックスを入力することができます。

 以下の2つのいずれかの方法でシンタックスファイルを選択します。

● メインのデータセット画面において、上のメニューバーから、［ファイル］→［開く］→［シンタックス］を選択します。

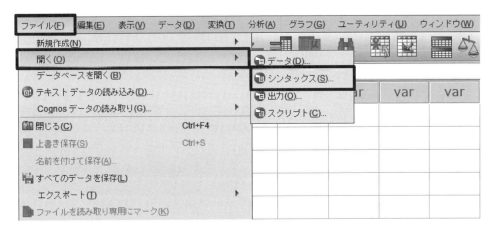

● シンタックス・エディタ画面において、上のメニューバーから、［ファイル］→［開く］→［シンタックス］を選択します。

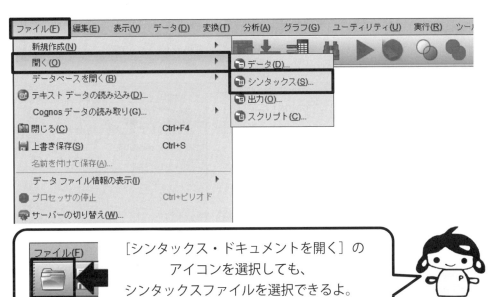

［シンタックス・ドキュメントを開く］のアイコンを選択しても、シンタックスファイルを選択できるよ。

196　第3章　コマンド・シンタックスによる分析方法

手順2　「シンタックスを開く」ウインドウで、以下の①～③の手順によって、シンタックスファイルを開きます。

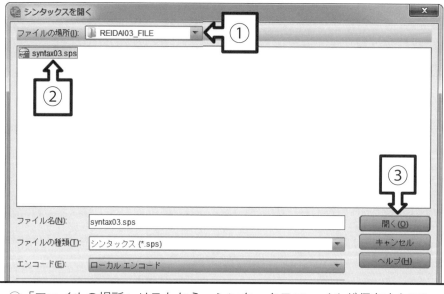

① 「ファイルの場所」リストから、シンタックスファイルが保存されている場所を選択します。シンタックスファイルの形式は"sps"です。

② ファイルを選択します。
　　→　下の「ファイル名」枠に、選択したファイル名が入力されます。

③ ［開く］ボタンを押します。

手順3　シンタックス・エディタにシンタックスが入力されます。必要に応じてシンタックスを編集します。

3.4 シンタックスの保存方法

シンタックスの作成・編集を終えたら、シンタックスをspsファイルの形式で保存します。

手順1
上のメニューバーから、[ファイル]→[名前を付けて保存]を選択します。

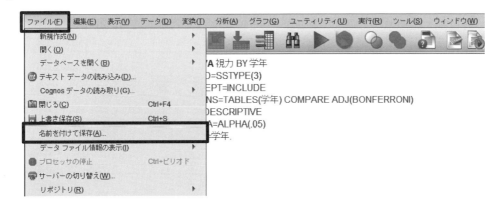

手順2
「シンタックスを名前を付けて保存」ウインドウで、以下の①～③の手順によって、spsという形式でファイルを保存します。

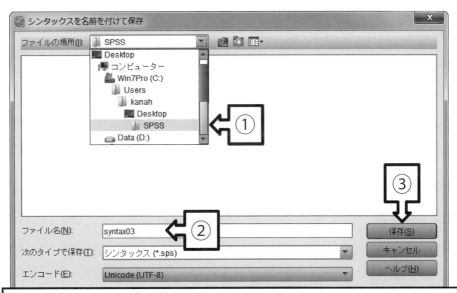

①「ファイルの場所」リストから、ファイルを保存する場所を選択します。

② ファイルに名前を付けます。

③ [保存] ボタンを押し、ファイルを保存します。

3.5 シンタックスを用いてファイルからデータを入力する方法

分析対象のデータをSPSSに入力するには、次の3通りの方法があります。

(a) データビュー画面で直接データを入力する（11ページ）
(b) データビュー画面からExcelファイルのデータを入力する（6ページ）
(c) シンタックスを用いて、ファイルからデータを入力する

ここでは、(C) の方法について説明します。

[C:¥my_folder] というフォルダに [input.xls] というExcelファイルが存在し（下図左）、そのファイルの [Sheet1] という名前のシートの、各列の1行目に変数名、各列の2行目以降にデータが入っているとします（下図右）。

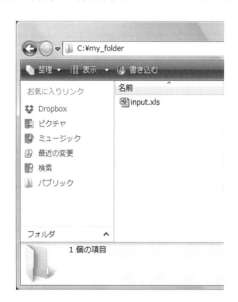

このExcelファイルからデータを入力するコマンドを、以下に示します。

```
GET DATA
    /TYPE=xls
    /FILE='C:¥my_folder¥input.xls'
    /SHEET=name 'Sheet1'
    /READNAMES=on.
```

xlsx形式のExcelファイルからデータを入力すると、コマンドの実行時にエラーが生じる場合があります。これを避けるために、xls形式のExcelファイルからデータを入力するようにしましょう。

前ページに示したシンタックスをシンタックス・エディタに入力し、シンタックス・エディタ画面のメニューから［実行］→［すべて］を選択して、シンタックスを実行します。

コマンド「GET DATA」で指定した、データ入力用のExcelファイルを開いていると、データを読み込めません。
必ずデータ入力用のExcelファイルを閉じてから、コマンドを実行してね！

ExcelのデータがSPSSに入力されると、データビューの画面に、各水準名とそのデータが表示されます。

	学年	視力	var	var	var
1	1	1.6			
2	1	.9			
3	1	1.1			
4	1	1.3			
5	1	1.2			
6	1	1.5			
7	2	1.3			

3.6 シンタックスの実行方法

分析手順のシンタックスと分析するデータを入力したら、シンタックス・エディタのメニューから［実行］→［すべて］を選択し、シンタックスを実行します。すると、出力画面に分析結果が出力されます。

シンタックスを用いて、Excelファイルからのデータ入力と分析の実行を続けて行うこともできます。たとえば下図のように、コマンド「GET DATA」と「UNIANOVA」を縦に並べて書き、シンタックス・エディタのメニューから［実行］→［すべて］を選択し、シンタックスを実行します。

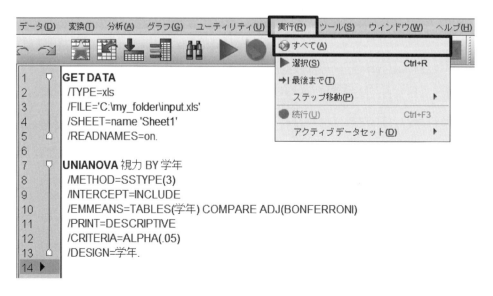

3.7 シンタックスの操作で困ったら……

SPSSには様々な分析方法が存在し、それぞれの分析方法に応じてコマンドやオプションなどが異なります。シンタックスを使った分析方法やコマンドの使い方で困ったら、SPSSの英語版マニュアルを参照してください。英語版マニュアルは、メニューバーの［ヘルプ］→［シンタックス参照コマンド］を選択すると表示されます。

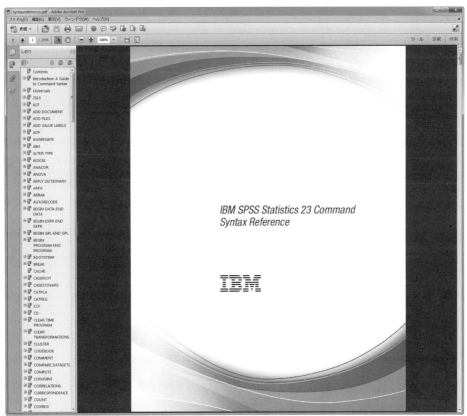

なお、この英語版マニュアルはPDFファイルなので、マニュアルを表示させるにはAcrobat ReaderなどのPDF viewerが必要です。

3.8 各例題のコマンド・シンタックス

 t 検定 ～対応なし～

[C:¥my_folder] というフォルダの [input01.xls] というExcelファイルの [Sheet1] というシートに、データがFigure 3.8.1のように入力されているとします。
このデータを読み込んで、「対応のない t 検定」を実行するコマンド・シンタックスは次のとおりです。

Figure 3.8.1

```
GET DATA
  /TYPE=xls
  /FILE='C:\my_folder\input01.xls'
  /SHEET=name 'Sheet1'
  /READNAMES=on.

T-TEST GROUPS=部('スキー部' 'テニス部')
  /MISSING=ANALYSIS
  /VARIABLES=身長
  /CRITERIA=CI(.95).
```

t 検定 ～対応あり～

[C:¥my_folder] というフォルダの [input02.xls] というExcelファイルの [Sheet2] というシートに、データがFigure 3.8.2のように入力されているとします。
このデータを読み込んで、「対応のあるt検定」を実行するコマンド・シンタックスは次のとおりです。

Figure 3.8.2

1要因被験者間分散分析

[C:¥my_folder] というフォルダの [input03.xls] というExcelファイルの [Sheet3] というシートに、データがFigure 3.8.3のように入力されているとします。
このデータを読み込んで、「1要因被験者間分散分析」を実行するコマンド・シンタックスは次のとおりです。

Figure 3.8.3

```
GET DATA
  /TYPE=xls
  /FILE='C:\my_folder\input03.xls'
  /SHEET=name 'Sheet3'
  /READNAMES=on.

UNIANOVA 視力 BY 学年
  /METHOD=SSTYPE(3)
  /INTERCEPT=INCLUDE
  /EMMEANS=TABLES(学年) COMPARE ADJ(BONFERRONI)
  /CRITERIA=ALPHA(.05)
  /DESIGN=学年.
```

例題4　1要因被験者内分散分析

[C:¥my_folder] というフォルダの [input04.xls] というExcelファイルの [Sheet4] というシートに、データがFigure 3.8.4のように入力されているとします。
このデータを読み込んで、「1要因被験者内分散分析」を実行するコマンド・シンタックスは次のとおりです。

	A	B	C
1	被験者	経過日数	最高血圧
2	Oさん	0	165
3	Oさん	15	153
4	Oさん	30	146
5	Oさん	45	141
6	Pさん	0	126
7	Pさん	15	119
8	Pさん	30	107
9	Pさん	45	110
10	Qさん	0	147
11	Qさん	15	147
12	Qさん	30	130
13	Qさん	45	119
14	Rさん	0	139
15	Rさん	15	129
16	Rさん	30	134
17	Rさん	45	129
18	Sさん	0	153
19	Sさん	15	143

Figure 3.8.4

```
GET DATA
  /TYPE=xls
  /FILE='C:\my_folder\input04.xls'
  /SHEET=name 'Sheet4'
  /READNAMES=on.

UNIANOVA 最高血圧 BY 経過日数 被験者
  /RANDOM=被験者
  /METHOD=SSTYPE(3)
  /INTERCEPT=INCLUDE
  /EMMEANS=TABLES(経過日数) COMPARE ADJ(BONFERRONI)
  /CRITERIA=ALPHA(.05)
  /DESIGN=被験者 経過日数.
```

例題5　2要因被験者間分散分析（交互作用なし）

[C:¥my_folder] というフォルダの [input05.xls] というExcelファイルの [Sheet5] というシートに、データがFigure 3.8.5のように入力されているとします。
このデータを読み込んで、「2要因被験者間分散分析（交互作用なし）」を実行するコマンド・シンタックスは次のとおりです。

Figure 3.8.5

```
GET DATA
 /TYPE=xls
 /FILE='C:\my_folder\input05.xls'
 /SHEET=name 'Sheet5'
 /READNAMES=on.

UNIANOVA 評価値 BY 米の銘柄 料理の種類
 /METHOD=SSTYPE(3)
 /INTERCEPT=INCLUDE
 /EMMEANS=TABLES(米の銘柄) COMPARE ADJ(BONFERRONI)
 /EMMEANS=TABLES(料理の種類) COMPARE ADJ(BONFERRONI)
 /EMMEANS=TABLES(米の銘柄*料理の種類)
 /CRITERIA=ALPHA(.05)
 /DESIGN=米の銘柄 料理の種類 米の銘柄*料理の種類.
```

2要因被験者間分散分析（交互作用あり）

[C:¥my_folder] というフォルダの [input06.xls] というExcelファイルの [Sheet6] というシートに、データがFigure 3.8.6のように入力されているとします。
このデータを読み込んで、「2要因被験者間分散分析（交互作用あり）」を実行するコマンド・シンタックスは次のとおりです。

	A	B	C
1	監督タイプ	練習量	得点
2	技術面重視	1	10
3	技術面重視	1	9
4	技術面重視	1	5
5	技術面重視	1	6
6	技術面重視	1	9
7	技術面重視	2	14
8	技術面重視	2	11
9	技術面重視	2	9
10	技術面重視	2	9
11	技術面重視	2	13
12	技術面重視	3	26
13	技術面重視	3	19
14	技術面重視	3	20
15	技術面重視	3	20
16	技術面重視	3	20
17	精神面重視	1	13
18	精神面重視	1	7
19	精神面重視	1	10

Figure 3.8.6

```
GET DATA
  /TYPE=xls
  /FILE='C:\my_folder\input06.xls'
  /SHEET=name 'Sheet6'
  /READNAMES=on.

UNIANOVA 得点 BY 監督タイプ 練習量
  /METHOD=SSTYPE(3)
  /INTERCEPT=INCLUDE
  /EMMEANS=TABLES(監督タイプ) COMPARE ADJ(BONFERRONI)
  /EMMEANS=TABLES(練習量) COMPARE ADJ(BONFERRONI)
  /EMMEANS=TABLES(監督タイプ*練習量) COMPARE(監督タイプ) ADJ(BONFERRONI)
  /EMMEANS=TABLES(監督タイプ*練習量) COMPARE(練習量) ADJ(BONFERRONI)
  /CRITERIA=ALPHA(.05)
  /DESIGN=監督タイプ 練習量 監督タイプ*練習量.
```

2要因被験者内分散分析（交互作用なし）

[C:¥my_folder] というフォルダの [input07.xls] というExcelファイルの [Sheet7] というシートに、データがFigure 3.8.7のように入力されているとします。
このデータを読み込んで、「2要因被験者内分散分析（交互作用なし）」を実行するコマンド・シンタックスは次のとおりです。

	A	B	C	D
1	被験者	ミルクの量	砂糖の量	評価値
2	Oさん	5	5	6
3	Oさん	5	10	7
4	Oさん	5	30	8
5	Oさん	20	5	8
6	Oさん	20	10	10
7	Oさん	20	30	7
8	Pさん	5	5	4
9	Pさん	5	10	6
10	Pさん	5	30	7
11	Pさん	20	5	7
12	Pさん	20	10	8
13	Pさん	20	30	9
14	Qさん	5	5	4
15	Qさん	5	10	6
16	Qさん	5	30	6
17	Qさん	20	5	6
18	Qさん	20	10	6
19	Qさん	20	30	9

Figure 3.8.7

```
GET DATA
  /TYPE=xls
  /FILE='C:\my_folder\input07.xls'
  /SHEET=name 'Sheet1'
  /READNAMES=on.

UNIANOVA 評価値 BY ミルクの量 砂糖の量 被験者
  /RANDOM=被験者
  /METHOD=SSTYPE(3)
  /INTERCEPT=INCLUDE
  /POSTHOC=砂糖の量(BONFERRONI) vs 砂糖の量*被験者
  /CRITERIA=ALPHA(.05)
  /DESIGN=被験者 ミルクの量 ミルクの量*被験者 砂糖の量
   砂糖の量*被験者 ミルクの量*砂糖の量.
```

2要因被験者内分散分析（交互作用あり）

[C:¥my_folder] というフォルダの [input08.xls] というExcelファイルの [Sheet8] というシートに、データがFigure 3.8.8のように入力されているとします。このデータを読み込んで、「2要因被験者内分散分析（交互作用あり）」を実行するコマンド・シンタックスは次のページのとおりです。

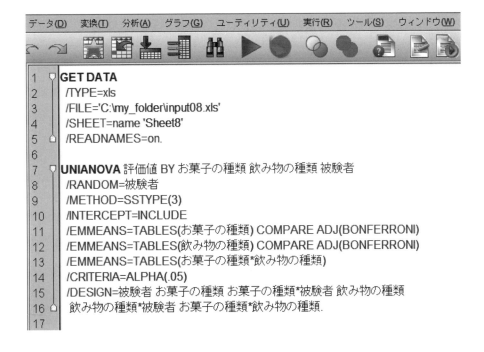

Figure 3.8.8

```
GET DATA
  /TYPE=xls
  /FILE='C:\my_folder\input08.xls'
  /SHEET=name 'Sheet8'
  /READNAMES=on.

UNIANOVA 評価値 BY お菓子の種類 飲み物の種類 被験者
  /RANDOM=被験者
  /METHOD=SSTYPE(3)
  /INTERCEPT=INCLUDE
  /EMMEANS=TABLES(お菓子の種類) COMPARE ADJ(BONFERRONI)
  /EMMEANS=TABLES(飲み物の種類) COMPARE ADJ(BONFERRONI)
  /EMMEANS=TABLES(お菓子の種類*飲み物の種類)
  /CRITERIA=ALPHA(.05)
  /DESIGN=被験者 お菓子の種類 お菓子の種類*被験者 飲み物の種類
   飲み物の種類*被験者 お菓子の種類*飲み物の種類.
```

210 第3章 コマンド・シンタックスによる分析方法

> シンタックスを以下のようにすれば、
> 2要因被験者内分散分析だけでなく、データファイルの分割
> や単純主効果の検定までの分析（121〜134ページ）を、
> まとめて実行することができるよ！

```
 1   GET DATA
 2     /TYPE=xls
 3     /FILE='C:\my_folder\input08.xls'
 4     /SHEET=name 'Sheet8'
 5     /READNAMES=on.
 6
 7   UNIANOVA 評価値 BY お菓子の種類 飲み物の種類 被験者
 8     /RANDOM=被験者
 9     /METHOD=SSTYPE(3)
10     /INTERCEPT=INCLUDE
11     /EMMEANS=TABLES(お菓子の種類) COMPARE ADJ(BONFERRONI)
12     /EMMEANS=TABLES(飲み物の種類) COMPARE ADJ(BONFERRONI)
13     /EMMEANS=TABLES(お菓子の種類*飲み物の種類)
14     /CRITERIA=ALPHA(.05)
15     /DESIGN=被験者 お菓子の種類 お菓子の種類*被験者 飲み物の種類
16       飲み物の種類*被験者 お菓子の種類*飲み物の種類.
17
18   SORT CASES BY お菓子の種類.
19   SPLIT FILE SEPARATE BY お菓子の種類.
20
21   UNIANOVA 評価値 BY 飲み物の種類 被験者
22     /RANDOM=被験者
23     /METHOD=SSTYPE(3)
24     /INTERCEPT=INCLUDE
25     /EMMEANS=TABLES(飲み物の種類) COMPARE ADJ(BONFERRONI)
26     /PRINT=DESCRIPTIVE
27     /CRITERIA=ALPHA(.05)
28     /DESIGN=被験者 飲み物の種類.
29
30   SPLIT FILE OFF.
31
32   SORT CASES BY 飲み物の種類.
33   SPLIT FILE SEPARATE BY 飲み物の種類.
34
35   UNIANOVA 評価値 BY お菓子の種類 被験者
36     /RANDOM=被験者
37     /METHOD=SSTYPE(3)
38     /INTERCEPT=INCLUDE
39     /EMMEANS=TABLES(お菓子の種類) COMPARE ADJ(BONFERRONI)
40     /PRINT=DESCRIPTIVE
41     /CRITERIA=ALPHA(.05)
42     /DESIGN=被験者 お菓子の種類.
43
44   SPLIT FILE OFF.
45
```

- Excelファイルからデータを読み込む命令（1〜5行目）
- 2要因被験者内分散分析を実行する命令（7〜16行目）
- データファイルを分割する命令（18〜19行目）
- お菓子の種類ごとの飲み物の種類間の単純主効果検定を実行する命令（21〜28行目）
- データファイルを戻し、新たに分割する命令（30〜33行目）
- 飲み物の種類ごとのお菓子の種類間の単純主効果検定を実行する命令（35〜44行目）

2要因混合計画分散分析（交互作用なし）

[C:¥my_folder] というフォルダの [input09.xls] というExcelファイルの [Sheet9] というシートに、データがFigure 3.8.9のように入力されているとします。
このデータを読み込んで、「2要因混合計画分散分析（交互作用なし）」を実行するコマンド・シンタックスは次のとおりです。

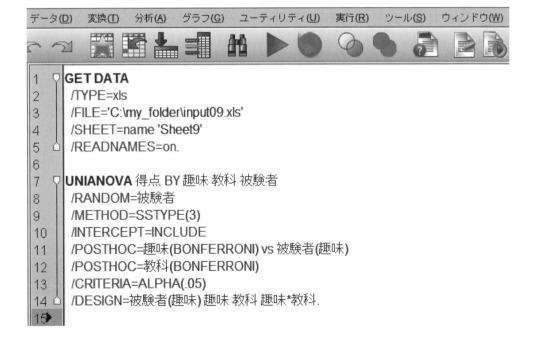

Figure 3.8.9

```
GET DATA
  /TYPE=xls
  /FILE='C:\my_folder\input09.xls'
  /SHEET=name 'Sheet9'
  /READNAMES=on.

UNIANOVA 得点 BY 趣味 教科 被験者
  /RANDOM=被験者
  /METHOD=SSTYPE(3)
  /INTERCEPT=INCLUDE
  /POSTHOC=趣味(BONFERRONI) vs 被験者(趣味)
  /POSTHOC=教科(BONFERRONI)
  /CRITERIA=ALPHA(.05)
  /DESIGN=被験者(趣味) 趣味 教科 趣味*教科.
```

2要因混合計画分散分析（交互作用あり）

[C:¥my_folder] というフォルダの [input10.xls] というExcelファイルの [Sheet10] というシートに、データがFigure 3.8.10のように入力されているとします。このデータを読み込んで、「2要因混合計画分散分析（交互作用あり）」を実行するコマンド・シンタックスは次のとおりです。

	A	B	C	D
1	被験者	性別	年齢	言葉の数
2	Oちゃん	女児	1歳	14
3	Oちゃん	女児	1歳半	21
4	Oちゃん	女児	2歳	29
5	Pちゃん	女児	1歳	12
6	Pちゃん	女児	1歳半	13
7	Pちゃん	女児	2歳	26
8	Qちゃん	女児	1歳	18
9	Qちゃん	女児	1歳半	21
10	Qちゃん	女児	2歳	35
11	Rちゃん	女児	1歳	25
12	Rちゃん	女児	1歳半	26
13	Rちゃん	女児	2歳	29
14	Sちゃん	女児	1歳	14
15	Sちゃん	女児	1歳半	15
16	Sちゃん	女児	2歳	32
17	Tちゃん	男児	1歳	11
18	Tちゃん	男児	1歳半	12
19	Tちゃん	男児	2歳	13

Figure 3.8.10

```
1   GET DATA
2     /TYPE=xls
3     /FILE='C:\my_folder\input10.xls'
4     /SHEET=name 'Sheet10'
5     /READNAMES=on.
6
7   UNIANOVA 言葉の数 BY 性別 年齢 被験者
8     /RANDOM=被験者
9     /METHOD=SSTYPE(3)
10    /INTERCEPT=INCLUDE
11    /POSTHOC=性別(BONFERRONI) vs 被験者(性別)
12    /POSTHOC=年齢(BONFERRONI)
13    /EMMEANS=TABLES(性別*年齢) COMPARE(性別) ADJ(BONFERRONI)
14    /CRITERIA=ALPHA(.05)
15    /DESIGN=被験者(性別) 性別 年齢 性別*年齢.
16
```

各例題のコマンド・シンタックス　213

シンタックスを以下のようにすれば、
2要因混合計画分散分析だけでなく、データファイルの分割
や単純主効果の検定までの分析（172～181ページ）を、
まとめて実行することができるよ！

```
1   GET DATA
2     /TYPE=xls
3     /FILE='C:\my_folder\input10.xls'
4     /SHEET=name 'Sheet10'
5     /READNAMES=on.
6
7   UNIANOVA 言葉の数 BY 性別 年齢 被験者
8     /RANDOM=被験者
9     /METHOD=SSTYPE(3)
10    /INTERCEPT=INCLUDE
11    /POSTHOC=性別(BONFERRONI) vs 被験者(性別)
12    /POSTHOC=年齢(BONFERRONI)
13    /EMMEANS=TABLES(性別*年齢) COMPARE(性別) ADJ(BONFERRONI)
14    /CRITERIA=ALPHA(.05)
15    /DESIGN=被験者(性別) 性別 年齢 性別*年齢.
16
17  SORT CASES BY 性別.
18  SPLIT FILE SEPARATE BY 性別.
19
20  UNIANOVA 言葉の数 BY 年齢 被験者
21    /RANDOM=被験者
22    /METHOD=SSTYPE(3)
23    /INTERCEPT=INCLUDE
24    /EMMEANS=TABLES(年齢) COMPARE ADJ(BONFERRONI)
25    /CRITERIA=ALPHA(.05)
26    /DESIGN=被験者 年齢.
27
28  SPLIT FILE OFF.
29
```

- Excelファイルからデータを読み込む命令（行1～5）
- 2要因混合計画分散分析、および年齢ごとの性別間の単純主効果検定を実行する命令（行7～15）
- データファイルを分割する命令（行17～18）
- 性別ごとの年齢間の単純主効果検定を実行する命令（行20～26）

SPSS Statistics 23からSPSS Statistics 27への
変更点対応マニュアル

SPSS操作マニュアル該当ページ		変更点対応マニュアル該当ページ
1要因被験者間分散分析	p.40　手順2 続き（手順3の前）〜	⇒　pp.2〜4
1要因被験者内分散分析	p.54　手順4〜	⇒　pp.2〜4
2要因被験者間分散分析〜交互作用なし	p.66　手順2 続き（手順3の前）〜	⇒　pp.2〜4
2要因被験者間分散分析〜交互作用あり	p.79　手順2 続き（手順3の前）〜	⇒　pp.2〜4
2要因被験者内分散分析〜交互作用なし	p.94　手順3〜	⇒　pp.5〜6
2要因被験者内分散分析〜交互作用あり	p.113 手順3〜	⇒　pp.5〜6
2要因被験者内分散分析〜交互作用あり	p.124 手順3〜	⇒　pp.5〜6
2要因被験者内分散分析〜交互作用あり	p.126 手順4〜	⇒　pp.2〜4
2要因混合計画分散分析〜交互作用なし	p.143 手順3〜	⇒　pp.5〜6
2要因混合計画分散分析〜交互作用なし	p.160 手順3〜	⇒　pp.5〜6
2要因混合計画分散分析〜交互作用あり	p.164 手順6〜	⇒　pp.2〜4
2要因混合計画分散分析〜交互作用あり	p.175 手順3〜	⇒　pp.5〜6
2要因混合計画分散分析〜交互作用あり	p.177 手順4〜	⇒　pp.2〜4

変更点1

「**1変量**」ウィンドウの「**オプション**」が
(a)「**EM平均**」(平均値の表示，主効果の比較，信頼区間の調整)
(b)「**オプション**」(記述統計)の2つに分かれた

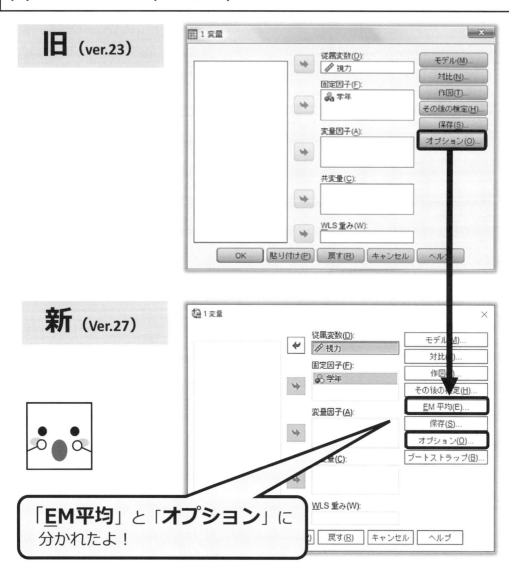

「**EM平均**」と「**オプション**」に分かれたよ！

変更点1-(a)「EM平均」における手順

平均値の表示，主効果の比較，信頼区間の調整の指定方法

「EM平均」を**クリック**し
① **平均値**を**表示させたい変数名**を**選択**し、右の「**平均値の表示**」枠へ**移動**する
② **主効果**の**比較**を**チェック**
③ 「**信頼区間の調整**」で「**Bonferroni**」を**選択**

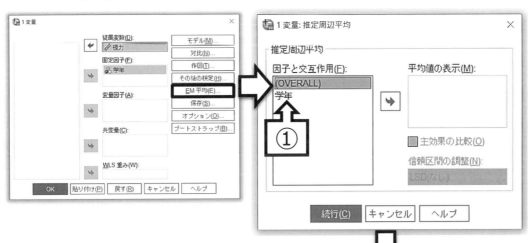

「平均値の表示」などの
指定方法はこれまでと
同じだよ！

変更点1-(b)「オプション」における手順

記述統計の指定方法

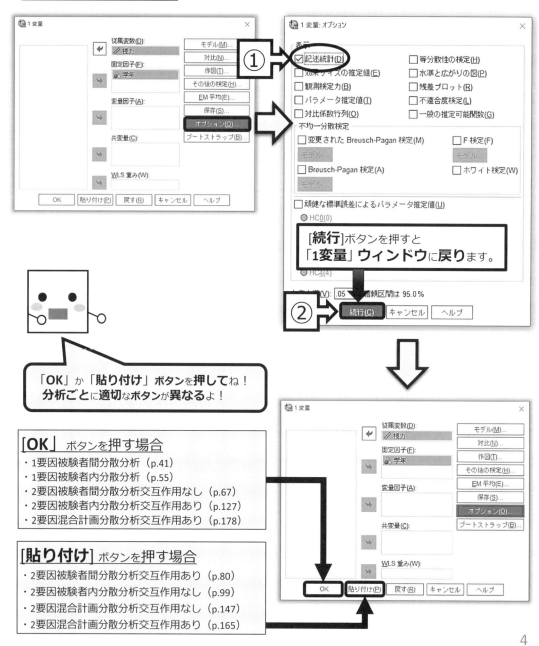

「OK」か「貼り付け」ボタンを押してね！
分析ごとに適切なボタンが異なるよ！

[OK] ボタンを押す場合
- 1要因被験者間分散分析（p.41）
- 1要因被験者内分散分析（p.55）
- 2要因被験者間分散分析交互作用なし（p.67）
- 2要因被験者内分散分析交互作用あり（p.127）
- 2要因混合計画分散分析交互作用あり（p.178）

[貼り付け] ボタンを押す場合
- 2要因被験者間分散分析交互作用あり（p.80）
- 2要因被験者内分散分析交互作用なし（p.99）
- 2要因混合計画分散分析交互作用なし（p.147）
- 2要因混合計画分散分析交互作用あり（p.165）

変更点2

「**1変量：モデル**」ウィンドウの
「**ユーザーによる指定**」が「**項の構築**」に変わった

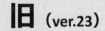 旧 (ver.23)

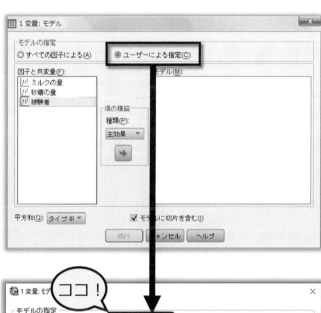

 新 (Ver.27)

変更点2 「項の構築」における手順

モデルの指定方法

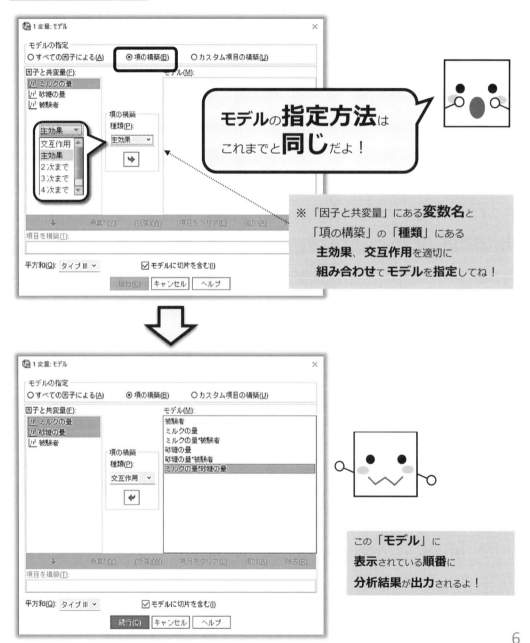

執筆者紹介

金谷英俊（かなや　ひでとし）
2003 年 東京大学文学部卒業
2013 年 東京大学大学院人文社会系研究科博士課程単位取得退学
現職 人間環境大学総合心理学部 講師
博士（心理学）
専門分野は，知覚心理学，認知心理学，視覚科学

磯谷悠子（いそがや　ゆうこ）
2004 年 東京大学文学部卒業
2011 年 東京大学大学院医学系研究科博士課程修了
現職 東北医科薬科大学病院 精神保健福祉士
博士（保健学）
専門分野は精神保健学，認知心理学

牧　勝弘（まき　かつひろ）
1995 年 法政大学工学部電気工学科卒業
1997 年 北陸先端科学技術大学院大学情報科学研究科博士前期課程修了
2000 年 東京工業大学大学院総合理工学研究科博士後期課程修了
現職 愛知淑徳大学人間情報学部 教授
博士（理学）
専門分野は聴覚科学，音響工学

天野成昭（あまの　しげあき）
1983 年 東京大学文学部卒業
1985 年 東京大学大学院人文科学研究科修士課程修了
現職 愛知淑徳大学人間情報学部 教授
博士（心理学）
専門分野は言語心理学，音声科学

心理統計のための SPSS 操作マニュアル
t 検定と分散分析

2018 年 3 月 30 日　初版第 1 刷発行
2022 年 4 月 10 日　初版第 2 刷発行

（定価はカヴァーに表示してあります）

著　者　金谷英俊
　　　　磯谷悠子
　　　　牧　勝弘
　　　　天野成昭
発行者　中西　良
発行所　株式会社ナカニシヤ出版
〒606-8161　京都市左京区一乗寺木ノ本町 15 番地
　　　　　　Telephone　075-723-0111
　　　　　　Facsimile　075-723-0095
　　　Website　http://www.nakanishiya.co.jp/
　　　E-mail　iihon-ippai@nakanishiya.co.jp
　　　　　　郵便振替　01030-0-13128

装丁＝白沢　正／印刷・製本＝亜細亜印刷
Copyright © 2018 by H. Kanaya, Y. Isogaya, K. Maki, & S. Amano
Printed in Japan.
ISBN978-4-7795-1113-4　C2011

SPSS は米国 IBM 社の登録商標です。Excel は米国 Microsoft 社の登録商標です。
なお，本文中では，TM，(R) マークは表記しておりません。
本書のコピー，スキャン，デジタル化等の無断複製は著作権法上の例外を除き禁じられています。本書を代行業者等の第三者に依頼してスキャンやデジタル化することはたとえ個人や家庭内の利用であっても著作権法上認められていません。